초등학생의
꾸물거림에 대하여

아동양육시설 실무자를 위한 양육가이드북

초등학생의
꾸물거림에 대하여

REAL
LEARNING

가이드북을 세상에 내어놓으며

5년 전 아동양육시설 실무자분들과 3일의 교육을 진행한 적이 있었습니다. 아동들의 훈육에 대한 주제였는데, 예상외로 너무 많은 분이 신청하셨고 배움과 나눔이 뜨거웠습니다. 마치고 주섬주섬 자료들을 정리하고 있는데, 한 분씩 오셔서는 수고하셨다는 인사를 건네셨습니다. 그리고는 아동양육시설을 위한 매뉴얼이 필요하다는 이야기를 하시는 것이었습니다. 그런 매뉴얼이 없느냐고 반문하는 제게 선생님들은 일반 가정을 기준으로 하는 매뉴얼은 현장에서 작동이 되지 않는다며, 양육시설의 특수성을 고려한 매뉴얼이 필요하다며 매뉴얼 제작을 부탁하고 돌아가셨습니다.

이후 같은 요청을 각기 다른 자리에서 두 번이나 더 받게 되면서, 많은 고민이 되었던 것이 사실입니다. 책정된 비용이 없었음에도 각자의 소명을 따라 기꺼이 함께 해주신 양육의 지혜 연구팀, 인터뷰와 사전조사에 시설의 문을 열어주신 분들이 계셨기에 2021년 2월부터 연구가 시작되었습니다. 그 사이 서울시 아동복지협의회에서 아동양육시설을 위한 전체적인 내용이 담겨있는 매뉴얼을 발간해주셨습니다. 그렇다면 양육자들이 실제로 부딪치는 주제들에 관한 세부 가이드북이 나오면 되겠구나 싶었습니다.

여러 주제가 있었지만, 가장 많이 접하면서도 가볍지만은 않은 "초등학생의 꾸물거림"을 주제로 정했습니다. 양육자 선생님들이 양육의 어려움과 소진으로 그만두게 되시면 양육자가 자꾸 바뀌는 아이들은 얼마나 안정되지 못할까 생각하며, 실제적인 도움이 되기를 바라는 마음으로 연구와 집필을 했습니다.

현장에서 이 가이드북이 실제로 잘 활용된다면 앞으로 여러 주제로 연구를 이어갈 수 있을 것 같습니다. 인터뷰에 기꺼이 응해주신 아동 양육시설의 실무자분들과 아이들, 진심으로 집필해주신 양육의 지혜 팀에 깊이 감사드립니다.

어둠을 탓하기보다 촛불 하나를 들기 원하는

양육의 지혜 연구팀 대표 **정은진 드림**

'초등학생의 꾸물거림'이라는 제목이 사랑스러워서 손이 가는 책입니다. 사실 꾸물거리는 아이들은 큰 사고를 치는 사고뭉치는 아니지만, 양육자들을 화나게 하고 힘들게 하는 경우가 많습니다. 사실 우리 사회에서 꾸물거린다는 말은 좋게 포장하기 어려운 말입니다. 누군가에게는 쓸데없는 고집이나 반항으로 이해되고, 누군가에게는 게으름이나 무능력으로 비치기도 합니다. 모든 상호작용이 그러하듯이 상대방의 행동을 어떻게 이해하느냐에 따라 이에 대한 대처도 달라지겠지요.

이 책의 저자들은 이러한 '꾸물거림'에 대한 이해와 상담, 지도방법을 아동 중심으로 이해하고, 초등학생의 생활 사례를 통해 설명하고 있습니다. 우리에게는 너무나 익숙한 '꾸물거림'이라는 용어를 성격과 기질, 심리적 결과와 같은 기존의 이론이나 연구들과 관련지어서 설명하지만, 너무 무겁지 않게 실용적으로 접근하고 있습니다. 꾸물거리는 아이를 긍정적으로 훈육하고, 지도하는 구체적인 경험과 조언을 친근한 설명으로 나누고 있습니다. 저자들이 양육시설 현장 경험을 토대로 구성해서 사례예시와 조언이 현실적이었고, 양육자에 대한 공감과 배려 또한 책에 잘 반영되어 있습니다. 특히 책의 마지막 부분에 양육자로서 받는 다양한 일상적인 상처와 스트레스, 양육자 스스로에 대한 돌봄의 필요성을 다룬 부분도 양육시설 현장에서 헌신하시는 최일선 선생님들에게 유용한 조언이 되리라 기대합니다.

이 책은 쉽고 간단해서 단숨에 읽을 수 있습니다. 그러나 아이들을 돌보고, 지도하는 일상은 지난하게 길지요. 모든 양육 가이드북은 적용하면서 습득되기 때문에 유사한 문제상황에서 해당부분을 발췌해서 다시 읽어보는 것도 좋을 것 같습니다. 이 책의 기획 의도 자체가 양육시설의 아이들을 어떻게 더 잘 지도하고 도울 것인가에서 시작했지만 아동양육시설뿐 아니라 지역아동센터, 방과후돌봄센터 등에서 활동하시는 최일선 아동복지 실무자들에게도 유용한 지침서가 되리라 기대해 봅니다.

박현선 교수 세종대학교 공공정책대학원 사회복지학과 소수의 양육자가 다수의 아이를 돌보는 가운데 마주하는 어려움을 가늠하기란 그리 어려운 일은 아닌 듯합니다. 더욱이 길어진 코로나 펜데믹으로 인해 제한된 공간 내에서 아이들과 양육자가 고군분투하고 있을 요즘의 상황은 또 얼마나 힘겨울지요.

아직 길지 않았을 삶의 날 가운데 이미 큰 아픔을 경험한 아이들이, 헌신과 소진 사이에서 분투하는 양육자와 함께 일상을 살아내며 성장을 향해 애쓰는 모습은 뭉클하다 못해 애잔합니다.

여기, 사랑의 부담감으로 현장을 지켜보던 사람들이 모여 헌신의 결과물을 내어놓았습니다. 학술적이고 딱딱한 언어가 아닌, 쉽고 생생한 현장의 언어로 아이들의 '꾸물거림'에 대한 해법을 제시한 양육가이드입니다. 사랑이 부족해서가 아니라, 전문적이고 현실적인 가이드가 없어 힘들어하고 목말랐던 양육자들의 마음을 시원케 하기에 부족함이 없으리라 생각합니다.

아이들의 '꾸물거림'에 대한 깊이 있는 이해를 토대로 기질에 대한 이해와 구체적인 지도방법 적용, 나아가 양육자의 자기 돌봄이라는 구슬들이 잘 꿰어져 현장에 임팩트 있는 변화를 불러오기를 기대합니다.

김순이 본부장 월드비전 국내사업본부

아이를 기르는 데는 정답이 없다고들 합니다. 하지만 아이를 기르다 보면 예기치 않은 여러 가지 상황에 마주치게 되고, 어찌할지 몰라 답답할 때 누군가로부터 조언을 듣고 도움을 받고 싶은 절실한 마음이 들 때가 한두 번이 아닙니다.

　특별히 양육시설에서 여러 아동을 돌보아야 하는 생활 지도원은 일반 가정에서의 아이 양육과는 사뭇 다른 어려운 경우들 때문에 많이 힘들어합니다.

　이 책은 이러한 어려움을 전해 듣고 조금이나마 도움이 되고자 하는, 그리고 양육시설의 아동들을 사랑하는 마음으로 모인 아동 양육의 전문가들이 뜻을 모아 만든 결과물입니다.

　우리 아이들을 어떻게 하면 더 잘 기를 수 있을지를 공부하고 고민하며 현장에서 애쓰시는 생활 지도원들에게 좋은 길잡이가 되리라 생각합니다. 수고에 감사드립니다.

황영배 원장 신망애육원 / 월드비전 시설연합회 회장

2022년은 어린이날이 100년째 되는 해입니다. 최근 우리나라 아동의 삶의 질이 OECD 35개국 중 31위라는 결과가 있었습니다. 과도한 학습 부담과 끊임없는 비교를 통해서 아동의 삶의 질이 떨어지고 있으니 아동들은 당연히 행복을 느끼기 어려울 것입니다.

이런 상황 속에서 아동의 행복추구를 위한 노력이 우리 사회 곳곳에서 필요합니다. 또한, 아동 양육시설에서 자라나는 아동들의 삶과 행복은 어떻게 지켜줘야 할까요?

많은 고민 속에서 아동복지 실천현장은 고군분투하지만, 중앙정부는 재정지원 지방이양이라는 적절하지 못한 무관심으로 일관하고 있습니다. 이 와중에 아동복지현장에서 '초등학생의 꾸물거림에 대하여'라는 주제로 지도방법과 예방프로그램 그리고 양육자의 자기 돌봄까지 제안하게 되었습니다. 제도적 한계를 극복하는 실천가들의 노력이 담겨있는 책이라 할 수 있습니다.

보호가 필요한 아동의 행복한 권리는 누구에게도 방해받아서는 안 되고, 또한 아동들의 놀 권리도 보장되어야 합니다. 또한, 아동의 꾸물거림도 여러 가지 관점에서 이제는 생각해 봐야 할 이야기라 생각합니다. 꾸물거림에 대한 고민이 있는 양육자들은 이 가이드북을 꼭 읽어보길 권합니다.

박영준 교수 대구대학교 사회복지학과/한국아동복지학회 이사

Contents

1장 꾸물거림이란

2장 꾸물거림과 기질

들어가며

아동들을 돌보는 일을 조금이라도 해보면, 결국 도달하게 되는 지점이 있습니다. "가정은 정말 중요하다."라는 결론입니다.

한 사람의 성장과 인격 형성에 있어서 가정의 역할은 정말 대체 불가능할 정도입니다. 아동들을 돌보는 일이란, 말하자면 성숙한 두 사람이 부부라는 관계를 만들어 그 안에서 한 생명이 어린 시절을 거쳐 성숙할 때까지 '보호막'의 역할을 해주는 것을 말합니다. 영유아기, 초등시기, 청소년기를 지나 성인이 될 때까지, 지속해서 애정을 주고 길잡이 역할을 해주는 보금자리이자 울타리가 되어주는 곳 말입니다.

그런데 지속해서 보호와 양육을 담당해야 하는 이 울타리가 훼손되었다면 어떨까요? 그래서 결국 보호막 바깥으로 아동들이 밀려난다면 어떻게 해야 할까요?

아동양육시설은 아픈 사연들을 가진 아동들이 최소한이라도 보호받기 위해, 인격체로 성장하기까지 보호막이 필요하기에 오는 곳입니다. 그러나 아동양육시설이 그 무너진 울타리, 훼손된 가정의 역할을 맡아 아동들을 다시 세우는 일은 엄청난 일입니다. 가정이 아닌 대피소에서 상처받은 아이들과 함께 지내는 일은 격려와 응원도 턱없이 부족한 데다, 예기치 못한 복병과 거센 반대도 많아 아이들을 돌보는 양육자들만큼 상처받기 쉬운 상황에 있는 사람들도 드뭅니다. 지금이야 법적인 근거도 생기고, 이런저런 제도와 지원책이 있어 한결 낫다고는 하지만, 이 아동들을 돌본다는 것은 결코 만만한 일이 아닙니다.

애를 써도 잘 낫지 않는 상처를 지니고 살아가는 아동들이 건강해지고 회복되기를 바라는 일념으로 애를 쓰는 분들이 있습니다. 이분들은 지금 가는 길이 제대로 가는 것인지, 지금 하는 방법보다 더 나은 방법이 있는지 정말 알고 싶어 합니다. 가도 가도 끝없는 안개 속을 더듬어 걸어왔는데, 이 길이 어디로 이어지는지, 왔던 길이 헛수고는 아니었는지 알고 싶은 겁니다. 뭔가 검증할 신호, 지금 상태를 가늠해볼 이정표가 필요한 겁니다. 낫지 않는 병증과 계속해서 싸워야 하는 가족의 심정입니다.

집단으로 양육을 하다 보면 아무래도 개별적인 독특한 점들을 간과하게 되고, 또래 집단 내에서 형성되는 다양한 역동들을 만나게 됩니다.

부정적인 면들을 통솔하고 긍정적인 면들을 확산시키기 위해서, 양육자들의 지식과 기술을 개발하고 경험을 통해 검증하여 저장하는 일이 필요합니다. 또한, 아동들의 독특한 특성, 즉 기질이라고 하는 개별성을 반영하는 양육방법이 꼭 필요합니다. 그동안 아동 양육시설들의 수고는 많았지만, 이런 시도와 노력이 제대로 반영되지 않아 했던 수고와 실수를 번번이 반복해야 한다거나, 유사한 경우의 해결 경험이 있음에도 불구하고 지식이 공유되지 않아서 공유되지 못한 곳에서는 궁여지책으로 대처할 수밖에 없었던 적이 많았습니다. 그동안 기관 자체에서도 시도하고 지역적 단위로도 시도한 방법들이 있었지만, 실제 양육시설에서 일하는 양육자들과 아동들에게 질문하고 응답받는 과정을 통해서 현장의 소리를 듣고 문제를 해결하는 법으로 접근하려고 합니다.

무리하지 않고 하나의 주제에 대한 해결책을 찾아보고, 또 만나게 되는 다른 하나의 주제를 해결하는 식으로 아동 양육에 관해 가이드를 만들어보는 것이 이 시도의 목표입니다. 어떻게 해야 할지 고민될 때 찾아볼 수 있는 가이드북이 되도록 구성하려고 애써보았습니다.

자원과 재원이 넉넉하지도 풍요하지도 않은 상태에서 어떻게든 울타리 밖에 있던 아동들을 데려와서 보호하고 있는, 보이지 않지만 묵묵히 그 귀한 일을 하는 많은 헌신자에게 깊은 존경과 감사를 표합니다. 아동들 누구나 제대로 된 대접을 받을 귀중한 존재이기에, 이 아동들을 지원하는 일이 특정한 일부 아동들에게만 적용된다고 생각하지 않습니다. 나의 아이이건 타인의 아이이건 가리지 않고, 우리 사회가 자라나는 아이들을 위하는 방향으로 나아가는 데 조금이나마 도움이 되길 바랄 뿐입니다.

2022년 5월, 양육의 지혜 팀 일동

1장

꾸물거림이란?

01
꾸물거림이란?

누구나 한 번쯤은 학창 시절 하기 싫은 과제를 미루고 미루다가 제출 직전에 어쩔 수 없이 하거나 재미있는 TV 프로그램이나 놀이에 빠져 정작 해야 할 일을 다음 날로 미뤄본 경험이 있을 것입니다. 이렇게 해야 할 일을 계속 미루는 꾸물거림 procrastination 은 매우 보편적인 현상입니다.

꾸물거림 procrastination 은 '앞으로의 움직임'을 의미하는 'pro'와 '내일에 속함'을 의미하는 'crastinus'의 합성어인 'procrastinare'라는 라틴어에서 유래했습니다. Webster 사전에서는 꾸물거림을 해야만 하는 것을 의도적으로 비난받을 만큼 미루는 행동으로, 어떤 일, 특히 재미없거나 부담이 되는 활동들을 습관적으로 나중으로 미루는 것으로 정의합니다. 꾸물거림은 그것이 발생하는 맥락에 따라 학업적 꾸물거림 academic procrastination 과 일반적인 꾸물거림 genernal procrastination 으로 구분합니다. 학업적 꾸물거림은 숙제하기, 시험 준비하기 등과 관련이 있고, 일반적인 꾸물거림은 아침에 일어나기, 이불 개기, 물건 정리하기 등과 관련이 있습니다.

이 책에서는 꾸물거림을 양육자의 지시가 있어도 수행하지 않는 것, 행동을 늦게 하는 것, 해야 할 일을 미루는 것으로 정의했습니다.[1]

아동양육시설의 양육자들을 대상으로 한 조사 결과에 따르면, 양육자들이 아동 양육에서 가장 어려움을 느끼는 양육 상황 중 하나를 일상 지도로 꼽고 있으며, 일상 지도의 에피소드를 살펴보았을 때 꾸물거림과 관련된 내용이 많습니다. 양육자들은 아동들이 해야 할 일을 미루거나 하지 않아 옆에서 거듭 지도해야 할 때, 정해진 시간 내에 수행하지 않을 때, 아침에 일어나지 않는 아이를 깨워야 할 때, 여러 차례 얘기해도 말을 듣지 않을 때, 책상 정리나 개인 위생에 대해 지도를 했음에도 귀찮다고 하며 지도에 따르지 않을 때 양육 스트레스를 경험하고 있었습니다.

---

1 꾸물거림에 대한 가이드북을 위해 설문조사와 인터뷰를 진행했습니다. 설문조사는 아동양육시설 종사자 14명, 아동 31명을 대상으로 진행되었으며, 설문 결과 가장 어려움을 느끼는 꾸물거리는 상황은 '양육자의 말과 지시를 무시하거나 모른 척 한다.', '해야 할 일을 따라다니며 반복적으로 확인해야 하는 경우가 많다.', '정해진 시간 내에 수행하지 않는다.' 순으로 나타났습니다.

꾸물거림은 외적으로는 학업 수행이나 학업평가 등에 부정적인 영향을 미칠 뿐만 아니라 후회, 스트레스, 자기 비난, 근심, 낮은 자기효능감 등과 같은 부정적인 심리적 결과를 초래할 수도 있습니다. 이러한 부정적 영향력에도 불구하고 꾸물거림은 쉽게 고쳐지지 않고 지속적이고 습관적이며 삶의 광범위한 영역에서 나타납니다. 또한 시간과 상황에 따라 변화하기보다는 안정성을 가지고 계속해서 꾸물거림이 반복되는 것으로 보아 꾸물거림은 성격을 반영하는 것으로 추론해 볼 수 있습니다.

꾸물거림과 성격의 관계에 대한 연구들을 살펴보면 성격의 5요인 모델과 꾸물거림을 관련짓고 있습니다. 성격의 5요인에는 외향성, 신경증, 우호성, 성실성, 개방성이 포함되는데, 외향성은 타인과의 교제나 상호작용을 원하는 정도를, 신경증은 정서적으로 얼마나 안정되어 있고 세상을 위협적이지 않다고 생각하는 정도를 나타냅니다. 우호성은 타인과 편안하고 조화로운 관계를 유지하는 정도를, 성실성은 사회적 규칙, 규범, 원칙들을 기꺼이 지키려는 정도를, 마지막으로 개방성은 지적 자극, 변화, 다양성을 좋아하는 정도를 의미합니다.

연구에 따르면, 꾸물거림은 성격 5요인 중 성실성, 신경증과 관련이 있는 것으로 나타났습니다. 성실성은 꾸물거림과 역상관을 보였으며, 신경증은 높은 상관을 보였는데, 특히 성실성의 하위 요소 중에서는 자기규제성 self-discipline , 신경증의 하위 요소 중에서는 충동성 impulsiveness 과 가장 관련이 높은 것으로 나타났습니다. 다시 말해, 목표를 달성하기 위해 자신이 해야 할 일을 미루지 않는 자기규제성이 높을수록 꾸물거림이 적고, 한 곳에 집중을 하지 못하거나 순간적인 욕구를 조절하지 못하는 충동성이 높을수록 꾸물거림이 많은 것으로 나타났습니다. 또한, 목표를 달성하거나 조직화하는 데 있어서 지속력이 부족한 사람들이 꾸물거리는 경향이 있는 것으로 나타났습니다.

개인의 성격 발달과 습관 형성에 큰 영향을 미치는 시기인 아동기는 특히나 성인이 되어서 나타나는 행동의 기초를 형성하는 시기이기 때문에 아이들의 꾸물거림에 대해 이해하고 적절히 돕는 것이 무엇보다 필요합니다. 그러기 위해서 양육자들은 꾸물거림을 보이는 아동의 성격적 특성을 이해하고 아이의 특성과 환경에 맞는 적절한 양육기술을 알고 있을 필요가 있습니다.

2장

꾸물거림과 기질

01
기질과 양육

　기질은 타고난 경향성으로 한 사람의 변하지 않는 성격적 특질을 뜻합니다. 기질은 아동이 가지고 태어난 고유한 특질이고, 성격은 사회화과정에서 적응하며 기질 위에 입어가는 옷입니다. 기질은 변하지 않습니다. 기질은 성격발달의 핵심으로 지속적으로 정서와 행동에 끊임없이 영향을 주며 그 특질을 드러냅니다.

　아동은 성장하면서 기본적인 질서와 규범을 배웁니다. 아동이 학령기가 되면, 본격적으로 질서와 규범 안에서 자신의 능력과 가치를 드러내려는 도전과 사회경험을 하기 시작합니다. 그리고 교육기관이나 외부 환경에서는 사회화과정에서 개인적으로 터득한 사회적 옷을 입고 생활하기도 합니다. 그러나 가정에서는 여전히 자신의 기질 특징이 강하게 나타날 것입니다.

가정과 외부에서 나타나는 아동의 태도와 행동 간 차이가 적은 아이들도 있지만, 그 차이가 확연하게 큰 아이들도 있습니다. 간극이 크다는 것은 긍정적으로 보면, 사회적으로 필요한 규범과 옷이 무엇인지 잘 알고 적응하고 있다는 것입니다. 성격발달 과정으로 보면, 사회에서 필요한 옷이 가정에서의 개인적 생활에 필요하다고 스스로 인식하지는 않았거나, 필요를 인식했지만 인생 가치관으로 선택하는 자발적인 내재화가 되기 전이라고 볼 수 있습니다.

아동기는 자신의 경험 중 무엇을 인생 가치관으로 선택할지 시행착오를 통해 성장하는 시기입니다. 그래서 가정과 사회에서의 태도 차이는 자연스러운 성격발달과정이라고 볼 수 있습니다. 그러나 아동양육시설에서 아동이 규범과 가치관을 스스로 선택하고 발달시킬 수 있도록 여유롭게 지켜보기는 어렵습니다. 집단이라는 특징 때문에 안전과 질서가 강조되기 때문입니다. 그래서 아동양육시설의 양육은 지켜보는 여유와 질서의 균형과 지혜가 필요합니다.

양육이란, 양육자가 아동의 타고난 기질을 이해함으로써 아동이 보이는 정서와 행동들을 보면서 게으르거나 양육자의 말을 거스르는 태도를 문제로 판단하지 않고, 타고난 특질을 알아주는 이해의 관계를 형성하는 것입니다.

생활지도 및 훈육이란, 양육자가 아동이 가지고 있는 기질 특성에 적합한 양육지도방법으로 아동이 자신의 욕구를 사회적으로 건강하고 수용될 수 있는 방법을 선택하도록 지도하는 과정입니다.

집단에서의 양육이란, 보호자인 양육자의 돌봄과 생활지도가 완벽하여 문제가 일어나지 않는 것이 아니라, 안전한 관계에서 서로의 의도가 왜곡되지 않게 전달되며, 생활의 시행착오 속에서 우리들만의 질서와 문제해결과정을 구축해가는 신뢰로운 과정입니다.

따라서 양육자는 아동을 집단으로 양육하지만, 그 안에서 개별적인 아동이 타고난 기질특성의 결을 이해하는 것이 필요합니다. 이는 양육자가 아동에 대한 존재적 결을 존중하는 역할과 많은 아동을 '우리' 그리고 '가족'과 같은 공동체로 형성하기 위한 안내자 역할을 해야 하기 때문입니다. 그리고 그 과정에서 아동의 꾸물거리는 행동 자체를 소거하여 그 행동을 더 이상 하지 않게 하는 것이 생활지도 목적이 아니라, 아동 스스로 꾸물거리는 행동의 결과가 자신에게 유익하지 않으며, 그 행동이 선 ^善 한 방향이 아님을 알게 하는 감각을 가르쳐주는 것임을 기억해야 합니다. 또한 우리는 집단이라는 공동체에서 살아가는 것이기 때문에 한 아동의 꾸물거림이 집단에 주는 영향력도 살피지만, 공동체에서 한 아동의 꾸물거림을 개선하기 위해 같이 도와줄 수 있는 순기능 역할에 대한 기대도 놓치면 안됩니다. 그래서 우리라는 공동체 안에서 우리들만의 질서와 연합을 만들어가는 것이 아동양육시설의 양육자의 역할입니다.

   질서와 연합을 만들어가는 안내자 역할은 쉽지 않습니다. 쉽지 않다기보다는 정말 어렵습니다. 그래서 우리에게는 사랑과 지혜를 기반으로 한 탁월한 전문성이 필요합니다. 그것을 위해 본 가이드북에서는 아동이 갖는 기질특성이 꾸물거림에 어떤 영향을 주는지, 그래서 어떻게 개입하고 지도하면 공동체에서 서로가 유익한 방향으로 나아갈 수 있는지를 다루려고 합니다.

02
꾸물거림에 영향을 주는
기질요인

아동이 타고난 기질과 일상생활 속 아동의 꾸물거리는 행동의 연관성을 살펴보려고 합니다. 기질은 기질을 구성하는 아홉 가지 구성요소를 통해 기질유형 및 특성이 나타납니다. 기질의 아홉 가지 구성요소는 다음과 같습니다.

- 활동성
- 주의력
- 규칙성
- 지속성
- 반응강도
- 자극민감성
- 접근성
- 적응성
- 기분의 질

이 아홉 가지 기질의 구성요소는 Thomas & Chess의 이론에서 제시한 개념을 최은정 소장이 STA Special Temperament Assessment 기질검사개발을 통해 기질의 구성요소에 대한 개념을 새롭게 정의한 내용입니다. STA 기질검사는 각 기질의 구성요소들의 조합과 균형을 통해 기질유형을 파악하는 검사이며, 본 가이드북에서는 기질의 유형이 아닌 꾸물거림에 영향을 주는 기질의 구성요소를 다룰 예정입니다.

연구팀은 아동양육시설 양육자와 아동을 대상으로 꾸물거림을 주제로 다음의 세 가지에 대한 설문조사와 인터뷰를 진행하였습니다.

첫째, 꾸물거림에 대한 정의
둘째, 꾸물거리는 아동의 행동과 양육의 어려움
셋째, 꾸물거리는 아동의 기질적 특성과 발달상의 어려움

그 중, 본 장에서는 꾸물거리는 행동에 영향을 미치는 기질요인에 대한 이해를 돕고자 합니다.

아동양육시설 양육자와 아동을 대상으로 꾸물거림에 가장 영향을 주는 기질요인에 대한 설문조사를 했을 때, 다섯 가지 기질요인이 영향력을 주는 것으로 나타났으며 이에 대해 아동과의 실제 인터뷰를 통해 확인 작업을 진행하여 결과를 도출하였습니다.

다음은 꾸물거림에 영향을 주는 기질요인 5가지입니다.

1. 주의력
2. 지속성
3. 활동성
4. 반응강도
5. 자극민감성

1순위. 주의력
초점을 맞추어 집중하거나, 주의를 오래 유지하는 능력

주의력은 다양한 자극 중 자신이 지금 주의를 기울여야 하는 것에 초점을 맞추어 집중하는 능력과 집중해야 하는 자극에 주의를 기울이는 것을 오래 유지하는 능력을 뜻합니다. 꾸물거리는 아동의 경우 기질적으로 주의력 수준이 낮아 하기 싫은 것에 주의를 오래 유지하기 어려운 특징을 가지고 있었습니다.

2순위. 지속성
원하는 것을 계속 지속하려고 하는 마음과 행동

지속성은 자신의 선호활동, 선호자극을 지속적으로 추구하는 경향성으로 어떤 상황에 그것을 할 수 없음에도 불구하고 자신이 원하는 것을 기어코 하려는 특성입니다. 또한 자신의 선호와 비선호 즉, 호불호가 명확해서 하고 싶은 것만 하려는 기질특성입니다.

지속성이 높은 아동의 경우 기질적으로 하기 싫은 일상과업, 학습 등을 해야 할 때, 자신이 하고 싶은 것을 조절하기보다는 하고 싶은 것을 계속하거나, 원하는 것을 하고 싶다는 마음을 계속 보유하고 있는 특징을 가지고 있었습니다.

3순위. 활동성
원하는 것을 얻으려고 하는 욕구와 움직이려는 활동량 정도

활동성은 아동이 무엇인가를 하려는 욕구 및 동기수준과, 활동을 하는 적극적인 신체적 활동량을 의미하는 것입니다. 활동성이 높은 아동은 하고 싶은 것이 많고 가만히 있는 것보다는 끊임없이 움직이려고 하며, 말하고 몸을 움직여야 편안함을 느끼는 행동특징을 가집니다. 반대로 활동성이 낮은 아동은 말하고 움직이는 것에 에너지가 소진되기 때문에 행동이 느리고, 빨리 반응하는 것이 어렵고 해야 할 일을 신속하게 처리하는 것이 어려워 해결 과정이 느린 경향성을 갖습니다.

활동성이 높은 아동의 경우 기질적으로 흥미가 없는 일상과업, 학습 등을 해야 할 때, 다른 것에 계속 흥미를 보이거나, 다른 말을 하고 움직이려고 해서 해야 할 일을 차분히 완수하는 것이 어려워집니다.

활동성이 낮은 아동의 경우 기질적으로 일상과업, 학습 등을 해야 할 때 행동과 반응 속도가 느려 집단에서 기다려야 하는 상황이 생기거나, 활동을 마치는 것과 준비 등이 오래 걸려 손길과 개입이 자주 필요한 상황이 된다고 보고하였습니다.

4순위. 반응강도
불편한 감정을 드러내는 감정표현의 강도

반응강도는 불편감을 느끼는 감각, 환경, 정서가 자극되었을 때, 자신의 불편한 정도를 외현적으로 드러내는 강도를 뜻합니다. 즉, 반응강도가 높으면 불편한 감정을 소리를 지르거나 물건을 던지는 등의 격한 행동으로 표현하며, 반응강도가 낮으면 불편한 감정을 억제하거나 조용히 눈물을 흘리거나 말을 하지 않고 묵묵히 견디는 등의 모습으로 표현됩니다.

반응강도가 높은 아동의 경우 기질적으로 일상과업, 학습 등을 해야 할 때와 양육자의 지시 혹은 해야 할 책임이 주어졌을 때, 자신의 불편한 감정을 과도한 감정표출과 행동으로 드러내게 됩니다. 이때 양육자는 꾸물거리는 행동을 지도하는 것이 어렵다고 보고하였습니다.

반응강도가 낮은 아동의 경우 기질적으로 일상과업, 학습 등을 해야 할 때와 양육자의 지시 혹은 무엇을 하라는 과제 부여와 당부에 적극적으로 자기표현을 하기보다는 가만히 있는 모습으로 꾸물거리는 행동을 보입니다. 이럴 때 역시 세밀한 개입과 지도를 해야 하는 것이 힘들다고 보고하였습니다.

5순위. 자극민감성
자신의 신체감각, 외부 환경자극, 정서에 대한 기민성

자극민감성은 신체감각, 환경 및 불편한 자극으로부터 자신이 느끼는 기민성입니다. 오감에 기민한 경우, 환경적 변화에 기민한 경우, 자신 및 타인의 정서신호에 기민한 경우를 모두 포함합니다. 양육자는 아동들의 집단생활 속에서 특히 정서적 기민성을 가진 아동의 경우 세심한 정서적 개입과 공감하는 과정이 필요하며, 이러한 정서적 유대감을 통한 안정감이 형성되지 않았을 때, 일상에서 꾸물거리는 행동이 나타난다고 보고하였습니다.

03
기질에 따른 지도방법

1) 주의력이 낮은 아동

주의력이 낮은 아동의 특징입니다.

- 듣고, 본 것을 잘 기억하지 못한다.
- 해야 할 것을 생각했다가도 금방 잊어버린다.
- 무엇을 해야 할지 스스로 생각하고 행동하지 않는다.
- 여러 번 같은 것을 설명했지만, 장기적으로 오래 기억하지 못한다.
- 복잡하게 생각하고 처리해야 할 과업을 해야 할 때 쉽게 포기한다.

* 내가 양육하고 있는 주의력이 낮은 아동의 이름을 적어봅시다.

(   ) (   ) (   )

* 이 아동을 생각하면서 다음을 읽어보세요.

주의력이 낮은 아동은 해야 할 일에 집중하기 어려워하거나, 지시를 잘 까먹거나, 지금의 행동이 이후에 어떤 결과를 가져올지 생각하지 못하고 당장 하고 싶은대로 행동하거나, 주변 상황에 주의가 분산되어 다른 행동을 하는 경우가 많습니다. 하기 싫은 것을 어떻게 하면 빨리 할 수 있을까 생각하기보다는 하기 싫다는 생각에 휩싸여 할 일을 끝내지 못하는 경향이 있습니다.

주의력이 낮은 아동은 보고 들은 자극을 생각으로 연결하는 것이 어렵습니다. 예를 들어 양육자가 "일어나라"라고 하는 말을 청각적으로 들었지만, 그 말을 듣고 일어나야지 생각하거나, 지금 학교에 갈 시간이라서 지금 일어나야 출발이 늦지 않겠다고 생각하는 과정까지 이어지지 않는다는 것입니다. 그래서 듣기는 들었으나 그것을 자신이 해야 하는 의미있는 행동으로 연결하지 못하거나, 즉각 일어나지 않는 것입니다. 보고 들은 것을 생각하는 것까지 연결은 했지만, 기억이 유지되지 않아 쉽게 까먹게 되는 기억유지의 어려움 측면도 있습니다. 예를 들어 양육자가 "지금 학교에 가게 현관으로 나와라"라고 지시를 한 것을 보고 들으며 나가야겠다고 생각하고 현관으로 가서 기다렸다가도, 금새 잊고 다시 거실에서 돌아다니거나 다른 것이 생각나서 방에 들어가 있기도 합니다.

주의력이 낮은 아동을 볼 때 보고 들은 것에 대한 사고와 행동기능,

기억유지, 무엇을 해야 할지 사고하여 계획하는 것을 나누어 생각해보는 것이 필요합니다. 주의력이 약한 아동을 관찰할 때 어떤 주의력이 낮은지를 알고 있어야 그에 맞는 도움을 주고, 변화를 이끌어낼 수 있기 때문입니다.

가) 보고 들은 것을 생각으로 연결하는 힘이 약하다면

보고 들은 것을 생각으로
연결하는 힘이 약하다면 모호한 설명이 아니라,
어떻게 해야 하는지에
대한 행동 지시를 하는
것이 좋습니다.

예를 들어 "지금 학교 갈 시간이다"라는 말은 지금 무엇을 해야 하는지에 대한 설명으로 들리지 않습니다. "화장실에서 지금 나와라", "가방 들고 현관 앞으로 나와라"의 지시처럼 학교에 가기 위해 서둘러야 할 때, 지금 해야 할 행동부터 지시하는 것이 필요하며, 시간을 나타내는 지금/당장/바로/5분까지 등의 시간을 명료하게 넣어서 지시해야 합니다. 그리고 첫 번째 지시에 대한 행동이 마치기 전에 다음 지시를 구체적으로 해주어 학교 갈 준비에 대한 주의력이 유지되도록 해야 합니다.

나) 기억을 유지하는 것이 어렵다면

기억을 유지하는 것이
어렵다면

짧은 빈도로 자주 말하여
상기시켜줌으로써 기억을
유지하도록 도와주는 것
이 적절합니다.

일상에서 매일 반복되는 아침에 일어나기, 정리 등의 일과라면 매번 말로 설명하기보다는 간단한 신호를 서로 정해서 한두 번은 문장으로 지시하고, 이후에는 단어, 그다음에는 간단한 터치로 신호를 주는 것이 효과적입니다.

1차 : "정리시간이야, 책상에 있는 공책을 책꽂이에 꽂아라."

2차 : "(공책을 손가락으로 톡톡 가리키면서) 책꽂이에 꽂아라."

3차 : "(공책을 손가락으로 톡톡 가리키면서) 꽂아라."

4차 : "책꽂이"

5차 : (양육자가 책꽂이를 가리킨다.)

지시에 대한 유지가 어려운 아동에게 지시를 할 경우 가야 할(해야 할) 곳으로 이동해서 지시단어를 전달하는 것이 효과적입니다. 예를 들어 공책을 정리해야 할 때, 공책을 가리키면 그 다음 무엇을 해야 하는지를 몰라 다시 공책을 들고 멍하게 있거나, 딴 행동을 할 경우가 있기 때문에 책꽂이를 가리키면서 지시하는 것이죠.

이러한 지시와 단계적 안내가 양육자의 잔소리가 되지 않으려면, 목소리와 톤에 다급함이나 귀찮음 등과 같은 기분의 상태가 들어가지 않고 평서문 형태의 안내사항을 알려주는 것처럼 전달하는 것이 중요합니다. 뒷장에서 집단의 역동을 다루겠지만, 양육자의 지시에 기분이 들어가면 지시를 듣는 아동도 정서적으로 불편하고, 집단에서도 지시를 빨리 듣지 않는 아동으로 낙인 찍히게 되어 행동을 바꾸는 노력을 포기하게 될 수 있기 때문입니다.

다) 해야 할 것에 주의를 기울여 판단하고 계획하는 것을 어려워한다면

해야 할 것에 주의를 기울여 판단하고 계획하는 것을 어려워한다면 활동의 순서와 계획을 하는 기초적 사고활동에 대한 연습이 필요합니다.

어떤 것을 해야 할 때, 시간의 순서대로 무엇을 해야 하는지 어떤 것이 우선되어야 하는 활동인지, 현재 상황에 어떤 것을 선택해야 하는지에 대한 사고와 판단능력이 미숙한 아동들이 있습니다. 이런 경우 기초적 사고기능을 지도하지 않은 채 반복적인 지시를 할 경우, 아동은 결국 지시가 없을 때 스스로 선택과 판단을 하지 못하게 됩니다. 지시를 해야만 행동을 하는 상황이 반복되는 것이지요.

사고와 판단기능을 촉진하기 위해서는 오전시간에 저녁식사 이후의 학습시간과 일과 시간을 계획하도록 지도하는 것이 도움이 됩니다. 이때 시간의 흐름으로 생각하도록 시간에 따라 계획을 세우며, 간단한 그림을 그려 계획하는 것이 좋습니다. 그림을 그려 머릿속에 이미지를 기억하게 하면 좀 더 빠르게 기억나게 하는 생각의 다리가 될 수 있습니다. 계획이 머릿속에 숙지되었다면, 스스로 선택하고 결정하도록 기회를 주면서 지지해주는 것이 도움이 됩니다.

주의력은 일상생활에 소소한 영향을 많이 주기 때문에 양육자의 인내심이 많이 요구되는 기질 특성입니다. 하기 싫은 것에 스스로 주의를 기울여 노력해야 하는 것은 주의력이 낮은 아동들에게도 쉬운 일이 아닙니다. 따라서 양육자가 빠른 변화를 기대하게 되면 에너지가 소진됩니다. 그러므로 주의력이 약한 기능을 촉진시키고 개입해야 하는 생활지도는 꾸준히 지도하며 체득하도록 하는데 목표를 세우고, 작은 변화를 살피며, 양육자 스스로를 격려하면서 아동을 지지하는 것이 중요합니다.

라) 주의력은 낮고, 활동성이 높다면

이런 아동들은 다른 행동이나 딴짓을 하면서도 하기 싫은 기분을 바꾸기 위해 또 다른 행동을 하거나 장난을 치는 경향이 있습니다. 이런 경우 하기 싫은 것을 왜 해야 하는지 설명하거나 당부하기보다는 할 일을 빨리 끝낼 수 있는 대안을 주거나, 빨리 끝낼 때의 유익한 점을 알려주는 것이 효과적입니다.

마) 활동성은 낮고, 주의력이 낮다면

이런 아동들은 생각하지 않는 멍한 상태로 시간과 상황을 고려하지 않은 채 가만히 정지하고 있을 수 있습니다. 주의력을 훈련할 때는 몸이 익숙해지는 시간이 필요한데, 훈련에 동기부여가 안된다면 어렵습니다. 따라서 주의력이 낮은 아동에게는 스스로 할 때 더 좋다는 내적 동기와 칭찬, 지지라는 외부 동기가 꼭 필요합니다.

2) 지속성이 높은 아동

지속성이 높은 아동의 특징입니다.

- 하고 싶은 것만 하려고 한다.
- 안된다고 해도 기어코 하고 싶은 것을 한다.
- 좋아하는 활동을 할 때 멈추는 것이 어렵다.
- 좋아하는 것에 몰입되어 있을 때, 옆에서 불러도 잘 듣지 못한다.
- 하고 싶은 것을 멈추게 하거나, 안된다고 할 때 저항과 반항이 강하다.

* 내가 양육하고 있는 지속성이 높은 아동의 이름을 적어봅시다.

(   ) (   ) (   )

* 이 아동을 생각하면서 다음을 읽어보세요.

　지속성이 높은 아동은 하고 싶은 것을 기어이 하는 특징이 있습니다. 이것은 양육자의 말을 무시하거나, 양육자를 일부러 화나게 하려는 테스트로 오해되기도 하지만, 그저 자신이 하고 싶은 것을 끝까지 해보려는 것뿐입니다. 특히 상황과 타인이 주는 말과 표정에서 신호를 읽는 것이 둔감하거나, 주의력이 낮으면 양육자가 말하고 있는데도 하고 싶은 대로 행동하기 때문에 양육자의 한계를 시험하는 것처럼 느껴집니다.

　나쁜 의도가 있다기보다는, 머리로는 그 행동을 하지 않아야 하며 지금 무엇을 해야 하는지 알면서도, 원하는 대로 하고 싶은 지속성이라는 기질방향이 강력한 힘으로 아동을 당기고 있다고 생각하는 것이 좋습니다. 이렇게 생각할 때 양육자는 아동이 나를 이겨 먹으려고 하거나 내 말을 무시하는 것이 아니라, '자신을 통제할 수 있는 힘이 약하구나', '하고 싶은 대로 해야 직성이 풀리는 성향이 정말 강한 아동이구나'라고 이해하게 됩니다. 그래야 양육자의 감정노동이 줄어들고 상처를 덜 받을 수 있습니다.

　지속성이 높은 아동은 지금 나가야 한다고 10분 전부터 여러 번 설명을 해주고, 지시를 해줘도 자신이 보고 싶은 만화책을 손에서 떼지 않습니다. 지금 밥 먹으러 가야 한다고 여러 번 말해도 TV에 눈과 귀가 붙어있는 것처럼 미동도 하지 않습니다. 10분 뒤에 학습 시간이니까 할 일을 다 마치자고 말해도 친구랑 계속 얘기를 합니다. 그러니 양육자가 속이 터지고 화가 나는 것은 너무도 당연한 일입니다.

그런데 한 가지 알고 있어야 할 것은, 지속성이 높은 아동의 경우 한 가지에 몰입되어 지속할 때 주변 자극에 대한 신호체계를 보고 듣고 인지하는 감각을 열어놓고 있지 않아 실제로 잘 못 듣거나, 못 보거나, 듣고 보기는 하였지만 단순한 소리와 보이는 대상으로만 보는 경향이 있다는 것입니다. 즉, 앞서 설명한 것처럼 주의를 생각으로 연결시키지 못하는 특징이 같이 나타날 수 있다는 것입니다. 이것은 단순히 주의력의 어려움이 아니라, 한 가지에 꽂히면 그것을 계속하려는 경향성이기 때문에 곁에 가서 지시를 하는 것도 중요하지만 꽂히는 그 행동의 시작 자체를 통제하는 것이 효과적입니다.

가) 한 가지를 계속하겠다고 주장한다면

한 가지를 계속하겠다고
주장한다면 왜 하면 안되는지
설득하지 말고, 언제, 어떤
방법으로 할 수 있는지를
조율합니다.

지속성을 이해했다면, 그 행동을 왜 멈춰야 하는지 설명하는 것이 효과적이지 않다는 것을 알 수 있을 것입니다. 양육자가 그 행동을 멈추게 하려고 노력하는 만큼 그 행동을 더 주장하는 힘이 강해지는 것이 지속성의 기질특성이기 때문입니다.

예를 들어, 밥을 먹어야 하는데 계속 만화책을 보겠다고 한다면, 5분 정도 기다려줄 수 있는데, 만화책을 몇 페이지까지 보고 올지 정해보라고 제안하는 것이 효과적입니다. 그럼 5분 안에 대충 훑어보더라도 끝까지는 보고 올 것입니다. 그러면 그다음 상황을 놓치지 않고 바로 기준을 세우고, 적절한 조절을 위한 통제를 제공하면 됩니다.

이렇게 5분 시간을 주면 아동이 앞으로도 계속 그렇게 할 것이라고 양육자가 불안해할 수 있습니다. 5분 뒤에 아동이 올 동안 '그냥 기다렸다가' 밥을 먹게 하면 정말 아동은 5분 정도는 지시를 듣지 않고 하고 싶은 것을 해도 된다고 생각하게 되고 양육자가 우려하는 일이 일어날 것입니다. 그래서 양육자는 5분 동안 아동의 근처에서 관찰하며 기다렸다가 일어나며 즉시 "5분을 정확하게 지켜줘서 고맙다"라는 칭찬을 해야합니다. 그 이유는 5분의 약속과 책임을 강조하기 위함입니다. 칭찬하고 난 후 식사 전 한 가지만 얘기 나누고 식사를 하자고 제안해야 합니다. 시간은 모두가 지키는 것이며, 오늘은 내가 규칙을 정확하게 알려주지 않았기 때문에 책보는 것을 마무리하도록 5분을 주었지만, 다음에는 5시에 맞춰서 책을 모두 읽고 일어나도록 시간을 확인하고 책을 보라고 명확하게 가르쳐줘야 합니다. 그리고 오늘 5시에 맞춰서 책읽기를 마치라는 설명을 했고, 네가 이해했기 때문에 내일부터는 5분이라는 기다림은 주지 않을 것이라는 것을 고지하고, 이해했는지 확인해야 합니다.

이 대화의 과정에서 명료함이 가장 중요하며 양육자가 엄청난 배려를 했다는 잔소리가 되지 않도록 해야 합니다. 양육자가 구조와 규칙을 잘 통제하고 있고, 아동의 이런 행동을 힘들어하지 않는다는 느낌을 전달할 때, 통제를 일방적인 지시라기보다 자신을 조절해주는 도움으로 느낄 수 있기 때문입니다.

나) 한 가지에 몰입하여 전환을 힘들어한다면

한 가지에 몰입하여
전환을 힘들어한다면 빨리 움직여야 하는
시간에는
몰입하는 활동을 하지
않도록 합니다

빨리 움직여 시간에 맞춰서 할 일을 해야 하는 오전 시간, 자기 전 시간에는 쉽게 몰입되는 좋아하는 활동을 하지 않도록 해야 합니다. 전환이 어렵다는 것은 TV를 보다가도 학원을 가야하면 빨리 가방을 챙기고, TV를 보다가도 내 차례가 되면 얼른 욕실로 가서 양치를 하는 등의 전혀 다른 활동을 바로 해야 할 때, 하던 일을 빨리 멈추고 다음 활동으로 넘어가는 것을 의미합니다.

지속성 특성이 강한 아동은 멈추는 것도 어렵지만, 다음 활동이 하기 귀찮은 것이라면 전환할 의지를 내지 못합니다. 그래서 양육자가 가장 바쁘고 모든 아이들이 빠릿빠릿하게 행동해야 하는 오전 시간에는 아동이 선호하는 놀이, 책 등에 빠지지 않도록 하는 것이 적합합니다. 예를 들어 TV에 몰입하는 아동이라면, 그 아동은 TV를 보다가 세수를 하러 가는 것이 어렵습니다. 따라서 가장 먼저 세수를 하고 준비를 마친 후에 TV를 보다가 모두가 일어날 때 같이 일어나 등교를 하는 것이 원활할 것입니다.

다) 자신의 생각을 고집하는 자기중심성이 강하다면

자신의 생각을 고집하는
자기중심성이 강하다면 논리 중 맞는 부분을 찾아
동의해준 후 스스로
비논리임을 깨우칠 수
있도록 지도합니다

양육자가 아동을 이기적이라고 생각하고 있다면, 아동과 논리적으로 대화를 하여 양육자의 생각을 설득하는 것은 어렵습니다. 지속성 특성이 강한 아동은 자신의 생각을 지속하는 경향성이 매우 강하기 때문입니다. 비논리를 논리로 이기려고 하기보다는 스스로 비논리임을 깨우칠 수 있도록 지도하는 것이 효과적입니다.

아동이 왜 쓰레기통을 지금 정리해야 하는지 따져 물으며 어차피 또 해야 되는데 토요일에 하면 되지 않냐고 한다면, 아동의 논리 중 맞는 부분을 찾아 동의해주는 것이 먼저 필요합니다. 지속성 특성이 강한 아동은 자신의 논리가 틀렸다는 논박이 시작되면 더욱 고집스럽게 자신의 논리를 붙듭니다. 그 이유는 그 논리가 깨지면 지는 것이라고 느끼거나, 그 뒤에 힘들거나 귀찮은 것을 해야 한다는 것을 알고 있기 때문입니다.

그래서 논쟁을 할수록 양육자는 아동의 반항적 태도에 대한 훈육을 반복하게 되는 일이 생기는 것입니다. 양육자가 쓰레기는 당연히 매일 정리해야 하는 것 아니냐는 논리로 접근하거나 , 딴지거냐는 비난으로 시작하거나, 한숨을 쉬면서 무시하는 투로 빨리 하라고 지시한다면 아동은 더욱 고집스런 태도로 대응할 것입니다.

그러므로 양육자는 매일 정리하는 것은 귀찮은 일이라고 인정하고, 매일 정리하지 않을 수 있는 효율적인 방법이 있는지 생각해보자는 제안을 하는 것이 좋습니다. 아동들과 함께 쓰레기통을 더 큰 사이즈로 바꿔 이틀에 한 번을 치우거나, 쓰레기통을 치우지 않도록 쓰레기 봉지에 바로 넣을 수 있는 방법을 찾아가는 조율과정을 가질 수 있습니다.

10세 이전은 도덕성이 타율적으로 이해되는 시기로 권위 있는 성인이 말하는 규칙과 규범을 절대적인 것으로 인식합니다. 그러나 10세 이후에는 자율성 도덕성시기로 규칙과 규범이 절대적이지 않고 행동의 동기와 의도가 중요하며, 의도적으로 한 것이 아니라면 처벌을 받지 않을 수 있다고 생각합니다. 즉, 질서와 규칙, 규범을 스스로 선택하는 시기입니다. 이런 일은 당연히 해야 한다, 혹은 이런 습관이 너의 미래에 도움이 될 것이라는 말로만 가르칠 수 있는 시기가 아니라는 것이죠. 따라서 양육자는 규범을 지키는 것을 가르쳐야 함과 동시에 유연하게 아동의 의견을 반영해 주어야 합니다.

라) 지속성이 높고, 주의력이 낮다면

일상생활 습관이 쉽게 학습되지 않을 수 있어 양육자의 지속적인 개입과 관심이 필요한 아동입니다. 이 경우는 주의력보다는 지속성에 먼저 초점을 두어 양육하는 것이 적절합니다. 지속성 경향이 조절될 때, 주의를 기울이는 것이 보다 오래 유지되기 때문입니다.

마) 지속성이 높아 자기주장이 명확하다면

아동의 의견을 듣고 논리적인 대화를 하는 시간을 마련하는 것이 필요합니다. 이러한 대화시간은 아동과의 갈등상황을 좀 더 수월하게 해결할 수 있게 해줍니다. 대화가 가능한 양육자의 태도만으로도 일방적인 통제를 받는다는 느낌이 줄어들기 때문입니다.

3-1) 활동성이 낮은 아동

활동성이 낮은 아동의 특징입니다.

- 움직이지 않는 것을 편안해한다.
- 선택적으로 하고 싶은 것에만 에너지를 쓴다.
- 빨리 생각하고, 얼른 행동하는 민첩함이 적다.
- 몸에 힘을 잘 주지 않고 흐느적거리거나 늘어져 있다.
- 빨리, 얼른, 지금 하라고 다그칠수록 수행이 느려진다.

* 내가 양육하고 있는 활동성이 낮은 아동의 이름을 적어봅시다.

(   ) (   ) (   )

* 이 아동을 생각하면서 다음을 읽어보세요.

활동성이 낮은 아동은 기본적으로 에너지의 동력 수준이 낮은 아이들입니다.

그래서 에너지를 늘 적당히 쓰는 것이 편안하고, 웬만하면 움직이거나 활동하기보다는 쉬거나 에너지를 보존하려고 합니다.

늘 쉬는 것은 아니고, 에너지를 선택적으로 사용합니다. 자신이 꼭 하고 싶은 놀이와 활동을 할 때는 적극적으로 뛰어놀고 소리도 지릅니다. 그래서 할 수 있는데 하지 않고 조용히 저항하는 아이들 혹은 게으른 아이들이라는 생각이 들기도 합니다. 활동성이 낮은 아동은 일상생활에서 해야 하는 일들을 귀찮아합니다. 하고 싶지 않은 것을 해야 하는 이 상황 자체에 에너지를 쓰고 있어 듣고, 보고, 생각하는 것에 아무 신경을 쓰지 못한다고 보는 것이 적절합니다.

에너지가 남들에 비해 절반 정도밖에 되지 않기 때문에 늘 에너지를 보존하다가 하고 싶은 것이 있을 때 에너지를 사용하는 것이 이 아이들의 기본적인 기질 경향성입니다. 그래서 아침에 일어나야 하지만, 벌떡 일어나는 것이 마음처럼 되지 않습니다. 몸의 감각들도 뇌의 움직임도 모두 천천히 작동되기 시작합니다. 그래서 느리게 반응하고 느리게 움직입니다. 움직이는 것보다는 움직이지 않는 것이 편안하기 때문에 양육자가 감독하지 않을 때는 다시 누워자기도 합니다.

활동성이 낮은 아동은 일상에서 많이 꾸물거립니다. 특히 식사를 해야 할 때, 숟가락을 드는 속도부터 음식을 씹고 삼키는 행동이 모두 느립니다. 식사 후 하고 싶은 것이 매우 흥미있는 것이 아니라면, 식사 후 하고 싶은 활동이 자신을 움직일 동기가 되어주지 못합니다. 그래서 양육자가 왜 빨리 먹으면 좋은지 설명해도 별다른 효과가 없었던 것입니다. 양육자가 한참을 설명했는데도 불구하고 아동의 태도와 행동에 변화가 없다면, 아동이 생각을 안 한다거나 답답하다는 판단을 하게 됩니다.

따라서 활동성이 낮은 아동에게는 적은 식사, 적은 과업을 주는 것이 효과적입니다. 적은 식사를 주어 빨리 먹으면 되겠다 생각하게 하고, 적은 양의 정리정돈 과업을 주어 조금만 하면 끝나겠다는 긍정적 지각을 하도록 한 다음, 신속하게 일어나 처리하는 아동을 칭찬하고, 빨리 움직이고 과업을 끝내니 더 마음이 편하고 개운하다는 느낌을 기억하게 하는 것입니다.

3-2) 활동성이 높은 아동

활동성이 높은 아동의 특징입니다.

· 말이 많거나, 계속 움직인다.
· 흥미 없는 것을 해야 할 때, 소소한 장난이 잦다.
· 몸이 멈추면 말을 하고, 말을 멈추게 하면 몸이 움직인다.
· 각성이 올라가면 쉽게 흥분하여 과장된 행동과 정서를 보인다.
· 가만히 몸을 정지하여 멈추고 있는 것을 답답해하고 힘들어 한다.
· 주변 소리와 보이는 것에 즉각 반응하고, 반응하는 즉시 몸이 움직인다.

* 내가 양육하고 있는 활동성이 높은 아동의 이름을 적어봅시다.

(   ) (   ) (   )

* 이 아동을 생각하면서 다음을 읽어보세요.

활동성이 높은 아동은 주변 자극을 억제하는 힘이 약해, 늘 행동으로 튀어 오르는 특징을 가진 아이들입니다. 무엇인가를 끊임없이 하려는 기질로 계속 말하고, 계속 움직이고, 계속 무엇인가를 하려고 합니다. 그래서 가만히 있는 것, 조용한 상태를 불편해합니다.

특히 활동성이 높은 아동은 하기 싫은 것을 해야 할 때 자동적으로 하고 싶은 다른 것이 생각나고, 흥미로운 주변 일에 반응합니다. 당장 책상을 정돈해야 하지만, 옆에서 친구가 서랍을 정리하다가 장난감을 발견하면 그것에 시선이 끌리고, 흥미가 자극되어 정리정돈은 뒷전으로 물러난 채 이야기를 하게 되는 것입니다. 그래서 이 아이들은 양육자가 무엇을 하라고 지시했을 때는 바로 듣고 반응하는 모습을 보이지만, 다른 행동을 하면서 키득거리며 놀고 있는 모습을 보게 됩니다. 지시를 듣고 무시한 것은 아니지만, 흥미로운 것을 보고 들은 순간 번쩍이는 스파크가 일어나면서 재미라는 불빛에 해야 할 일이 가리워지는 것입니다.

활동성이 낮은 아이들과는 반대로 이 아이들은 에너지를 계속 방출하려는 경향성을 가지고 있어서 가만히 있는 것, 조용한 분위기, 한 가지만 하고 있는 상황 등이 답답합니다. 몸이 좀 쑤시는 것처럼 몸을 가만히 정지하는 것 자체가 답답하고, 점차 불편해집니다. 그래서 활동성이 높은 아이들은 가만히 있는 것이 힘들어 유아기에도 자기 전이나, TV를 볼 때 손을 빨거나, 무료할 때 괜히 통통 뛰고 빙글빙글 거실을 돌거나, 소파 위를 오르락 내리락 거리며 계속 움직이려고 하는 행동이 나타납니다. 학령기에는 손을 빨거나 소파 위를 올라가지는 않지만, 계속 말을 하거나 주변에 보이는 것을 만지고, 듣고 반응하느라 바쁠 것입니다.

즉, 타고난 기질이 자극을 계속 추구하며 쫓아가는 반응을 하기 때문에 집단이라는 다수가 있는 환경 자체가 이 아이들을 계속 자극합니다. 그래서 자신이 해야 할 일에 집중하는 것이 마음처럼 쉽지 않고 하나에 초점을 맞추려면 주변 자극에 반응을 억제할 의지가 요구됩니다.

따라서 양육자는 활동성이 높은 아동에게 꾸물거리는 행동이 일어나지 않도록 지도할 때는 양육자와 대화하는 활동으로 활동성을 사용하도록 하거나, 몸을 움직이면서 해야 할 과업과 책임을 주어 역동성을 장난이 아닌 부지런한 움직임으로 발현하도록 가이드하는 것이 좋습니다.

예를 들어 밥을 먹을 때 계속 딴짓을 하거나 말을 한다면, 양육자가 대화에 참여하여 대화를 하다가 이제 두 번 먹고 나서 다시 얘기하자는 식으로 조절을 도와줍니다. 학습할 때 계속 옆 친구에게 장난을 치거나 다른 것을 하느라 왔다갔다 한다면, 아예 물 한 번 먹고 양육자에게 물을 한 잔 갖다 달라고 심부름을 부탁하며 움직일 수 있는 기회를 제공하여 활동성의 활로를 잠시 열어주는 것도 좋습니다.

4) 반응강도가 높은 아동

반응강도가 높은 아동의 특징입니다.

- 부정적인 감정이 느껴지면 즉각 화를 낸다.
- 원하는 것이 뜻대로 되지 않으면 즉각 화를 낸다.
- 부정적인 감정을 표출하는 강도가 보통의 또래보다 세다.
- 거친 단어를 쓰거나, 높은 고성, 과장된 행동 등으로 부정적 감정을 표출한다.
- 서서히 화를 내는 것보다는 곧바로 강한 말/행동으로 부정적 감정을 표출한다.

* 내가 양육하고 있는 반응강도가 높은 아동의 이름을 적어봅시다.

(   ) (   ) (   )

* 이 아동을 생각하면서 다음을 읽어보세요.

반응강도가 높은 아동은 불편함을 강렬하게 표현하는 아이들입니다.
반응강도가 높은 아동을 양육할 때 양육자는 갑작스럽게 흥분하거나 저항하는 태도에 의해 당혹스럽고, 다수의 아이들을 지도하는 상황에서 한 명 아동의 흥분을 가라앉혀야 하는 것이 가장 난감한 일입니다. 아동의 안전도 신경 써야 하고, 아동의 흥분과 감정적 태도로 인해 분위기가 흐트러지는 것과 다른 아이들이 모방하는 것까지를 고려하여 올바른 태도를 가르쳐야 하기 때문에 여간 복잡한 일이 아닙니다.

반응강도가 높은 아동이 꾸물거리는 상황을 생각해봅시다. 양육자가 여러 번 지시해도 아동이 반응하지 않아 단호해지거나 소리를 높여 호되게 야단을 치게 될 경우, 아동은 높은 반응강도로 분노하거나 흥분을 감추지 못할 수 있습니다. 이 때 흥분이 가라앉을때까지 그 행동을 가만히 기다려주자니 이렇게 화를 내고 흥분하는 것이 습관이 되거나 다른 아이들이 모방하게 될까봐 염려되고, 아동을 엄격하게 제압하려니 훈육과 학대의 경계를 고민하게 됩니다.

우선 양육자는 반응강도가 높은 아동을 직면할 때, 대들거나 버릇이 없거나 나를 이겨먹으려고 한다기보다 감정을 드러내는 강도가 센 아이라고 생각하는 생각바꾸기가 필요합니다. 양육자가 아동의 행동에 불순한 의도가 있거나 도덕적으로 바람직하지 않은 행동이라고 판단하는 순간 꾸물거림을 지도하는 목적에서 갑자기 태도를 교정하는 훈육으로 넘어가버리게 됩니다.

단추를 하나씩 끼우듯 우선 꾸물거림에 대한 것부터 해결하고 그다음 태도를 가르쳐도 괜찮습니다. 주변 아이들은 그 행동을 해도 양육자가 별다르게 혼내지 않으니까 나도 그래야지 하고 생각하기보다는 그 행동을 다뤄가고 가르치는 양육자의 모습을 통해 배울 것입니다. 그리고 양육자가 그 정도의 반응에 동요되지 않을 힘이 있다는 것을 알게 될 것입니다.

반응강도가 높은 아동이라면,

가) 반응강도가 높아지는 방아쇠를 알아야 합니다.

세 번 이상 이야기할 때 짜증을 내며 반응강도가 올라가는지, 학습 시간 전에 친구들과 다툼이 있거나 자신의 생각대로 되지 않았던 일이 발생한 다음 학습 시간에 어려운 문제를 풀면서 신경질을 내는지, 숙면을 하지 못한 채 아침에 일어났을 때 단지 이부자리 정리하라는 말이 자극이 되는 건지, 청각적으로 기민하여 양육자가 조금만 크게 말해도 짜증을 내는 건지, 명령형 지시를 싫어해서 말투에서 자극이 되는 건지 등의 방아쇠를 알고 있어야 합니다.

나) 미리 스스로 멈출 시간에 대한 약속을 합니다.

부적절한 말과 태도를 했을 때, 스스로 멈출 수 있는 시간을 주어야 합니다. 이 약속은 미리 집단에서 아이들과 함께 만들어두는 것이 필요합니다. 일상지도를 받는 과정에서 격한 화가 난다면, 각자 진정할 수 있는 시간을 정하도록 하는 것입니다.

이때 한계를 정하지 않으면 다음 일과에 영향을 주기 때문에 양육자는 최소 1분~5분 정도로 가이드를 주고, 그 안에서 자신의 감정을 추스르는 시간, 양육자가 기다려주는 배려를 구하는 시간을 서로의 약속으로 정합니다. 이는 아동의 감정에 대한 배려이자, 양육자에 대한 존중입니다. 아동에게 진정하는 시간이 끝난 뒤에는 설교와 설명은 하지 않아야 합니다. 아동이 진정된다면 평상시와 같은 톤으로 재지시를 간단히 하고, 지시를 따라주는 것에 대한 긍정적인 기대를 하는 것이 중요합니다.

반응강도가 높은 아동의 순간의 감정적 태도는 문제이나 근본적으로 나쁜 아이거나, 모든 규칙에 따르지 않겠다라는 반항을 하는 것이 아닙니다. 양육자가 단지 오늘, 지금 그 행동만 보아줄 때 아동은 실수한 행동을 멈추고 다음 기회를 잡을 수 있습니다. 양육자의 시선이 네가 어떻게 하는지 보겠다는 느낌을 준다면 불필요한 자존심 문제로 자극될 수 있습니다.

다) 반응강도를 낮췄을 즉시 고마움을 전달합니다.

감정을 강하게 드러내면서 얻는 이점들이 있습니다. 부정적 감정을 분출하면서 감정을 비워내는 개운함도 있고, 누군가 자신을 건드리지 않게 하여 자신을 보호하기도 합니다. 따라서 감정을 분출할 때보다 맘을 진정하고 언어로 표현할 때 얻어지는 이점이 있어야 다른 방향으로 방법을 바꿔볼 의지가 생깁니다. 따라서 양육자는 아동이 감정적 태도를 조금이라도 낮추고, 욕설을 한 번이라도 덜 쓰고, 화를 내는 시간을 조금이라도 줄이고, 말로 표현했다면 그 작은 노력에도 관심을 보이며 고맙다는 마음을 전하는 것이 필요합니다.

5) 자극민감성이 높은 아동

　자극민감성이 높은 아동은 신체적인 감각적 자극민감성, 환경변화에 대한 자극민감성, 정서적 자극민감성이 높은 아동들로 나누어 볼 수 있습니다. 각각의 자극민감성을 살펴보겠습니다.

◉ 신체적 자극민감성

　신체적 자극민감성이 높은 아동의 특징입니다.

- 시각/청각/미각/후각/촉각에 민감하다.
- 불편한 자극에 반응하는 속도가 빠르고 기민하다.
- 하기 싫은 것, 힘든 것 등의 불편한 상황과 감정이 자극되면 신체적 기민성이 같이 올라온다.

* 내가 양육하고 있는 신체적 민감성이 높은 아동의 이름을 적어봅시다.

(　　　　　　) (　　　　　　) (　　　　　　)

* 이 아동을 생각하면서 다음을 읽어보세요.

신체적인 감각적 민감성이 높은 시각이 기민한 아동은 식사할 때 이상해 보이는 색깔과 모양을 보면 먹어보지도 않고 반찬을 거부하면서 식사를 오래 하는 꾸물거림으로 연결됩니다. 미각이 기민한 아동이라면 아주 약간이라도 짜거나 맵거나 간이 맞지 않는다고 느껴지면 먹기를 거부하거나 몰래 음식을 뱉거나 식사시간을 싫어하여 식사시간을 맞추는 것에 꾸물거림이 나타날 수도 있습니다. 이처럼 같은 편식과 식사 시 꾸물거림에도 어떤 감각의 기민성이 있는지에 따라 이유가 다 다릅니다.

이러한 감각에 대한 기민성을 까다롭다고 쉽게 평가할 수 없는 것은 일반적인 기민성이 있는 아동의 경우 하나의 감각이 전달되는 자극의 양이 1이라면, 감각적 민감성을 가진 아동의 경우는 자극의 양이 10~100이기 때문입니다. 느끼는 정도의 양이 다르기 때문에 쉽게 까다롭다고 치부할 수 없다는 것입니다. 촉각에 대한 자극민감성이 높은 아동은 평상시 즐거울 때는 그렇지 않을 수 있지만, 하기 싫은 활동을 할 때는 취약한 자극이 더욱 기민해지면서 옆에 앉아있던 친구와 살짝 팔이 스치기만 한 것도 친 것으로 느끼는 경우가 있습니다. 그래서 나란히 앉아서 학습을 할 때, 학습에 신경을 쓰며 집중해야 할 때, 다닥다닥 앉아있는 자리에서 기민성이 높아져 학습에 집중하지 못하기도 합니다. 이처럼 아이들의 꾸물거리는 행동 속에 개인적인 기민성이 방해를 하고 있는 것은 아닌지 관찰이 필요합니다.

◉ 환경적 자극민감성

환경적 자극민감성이 높은 아동의 특징입니다.

· 분위기의 변화에 대한 기민성이 높다.
· 환경변화를 빨리 알아차리고, 분위기가 전환될 때 긴장 혹은 각성이
  자극된다.

* 내가 양육하고 있는 환경적 자극민감성이 높은 아동의 이름을 적
어봅시다.

(   ) (   ) (   )

* 이 아동을 생각하면서 다음을 읽어보세요.

환경적 자극민감성이 높은 아동은 주변 분위기에 쉽게 영향을 받습
니다.

학습을 하다가 한 명이 농담을 하면서 분위기가 이완되어 흐트러지
기 시작하면 금세 영향을 받아 방해된다고 신경질을 내거나, 혹은 같
이 떠들게 되는 것입니다. 상황의 흐름이 어떻게 흘러가는지 빨리 알아
차리는 촉이 남다른 아이들이라고 생각하면 됩니다. 그래서 여러 양육

자가 교대로 아동을 돌보는 아동양육시설의 경우 환경적 자극민감성이 높은 아동은 누가 오늘 담당 양육자인지에 따라 나타나는 행동특징이 매우 다를 수 있습니다.

양육자는 이 아동들이 누울 자리를 보고 다리를 뻗는다고 느낄 수 있습니다. 그래서 환경적 자극민감성이 높은 아동이 꾸물거리는 행동을 보일 때는 지시의 내용과 설명보다는 우리 방의 분위기가 어떻게 흘러가고 있는지에 대한 역동을 살피는 것이 필요합니다.

기준이 엄격하지 않은 양육자가 여지가 있는 태도나 유연하게 타협해줄 것 같은 분위기를 보이면 아동의 꾸물거림이 자극될 수도 있다는 것입니다. 따라서 환경적 자극민감성이 높은 아동에게는 환경의 변화를 최대한 줄이기 위해, 양육자의 위트와 장난 등으로 분위기를 고조시키는 각성에 대해 여러 양육자들이 서로 각성 기준을 맞추고, 갑작스런 이벤트와 허용되는 활동을 어느 정도 줄이는 것이 필요합니다.

◉ 정서적 자극민감성

정서적 자극민감성이 높은 아동의 특징입니다.

• 다른 사람의 표정, 말투에 기민하다.

- 감정이 쉽게 상하고, 잘 토라지거나, 잦은 짜증을 보인다.
- 정서가 풍부하고, 감수성이 높으며, 다른 사람의 감정을 잘 알아차린다.
- 정서가 편안해지고 안정되는 정도에 따라 일상생활 및 학습수행능력에 편차가 크다.

* 내가 양육하고 있는 정서적 민감성이 높은 아동의 이름을 적어봅시다.

(   ) (   ) (   )

* 이 아동을 생각하면서 다음을 읽어보세요.

정서적 자극민감성이 높은 아동은 자신의 기분, 감정 상태에 쉽게 자극을 받아 작은 감정변화에도 기민하게 반응하며, 동시에 타인의 기분 변화, 태도, 말투, 표정 등의 정서적 신호도 기민하게 느낍니다.

그래서 정서적 자극민감성이 높은 아동의 경우 다툰 후 서로 갈등을 해결한 후에도 감정을 정돈하거나 쉽게 전환하기를 어려워합니다. 그래서 그다음 해야 하는 학습이나 식사 등의 일상에서 집중하지 못하거나, 감정의 동요가 여전히 일어나고 있어 과업을 진행하지 않은 채 불만족감을 표시내고 있기도 합니다. 괜히 곁에서 또래가 건드리면 앞 상황에서 해결되지 않은 감정을 쏟아내면서 할 일을 하지 않겠다고 토라지거나 신경질을 내기도 합니다.

정서적 자극민감성이 높은 아동은 지시를 하기 전에 정서를 알아차려주는 한 마디, 그리고 그 한 마디 말을 전달할 때 양육자가 보내는 표정과 말투 등의 비언어적 신호가 매우 중요합니다. 정서적 자극민감성이 높은 아동은 상대방의 말과 태도에서 보이지 않은 진정성을 알아차립니다. 그래서 양육자의 아주 작은 몸짓 하나에 꾸물거림이 더욱 강화되기도 하고, 얼음이 녹듯 꾸물거림이 금세 사라지기도 합니다. 그러므로 양육자는 겉으로 드러난 나의 논리적 말 대신 나의 정서를 살필 필요가 있습니다.

3장

꾸물거리는 아동을 위한
지도방법

지금부터 살펴볼 꾸물거리는 아동을 위한 지도방법은 실제 아동양육시설에 종사하는 양육자들과 아동들의 사례를 기반으로 각색하여 구성한 것입니다.

　　현장에서 이미 잘 이루어지고 있는 긍정적인 생활지도방법을 정리해보고, 새롭게 접근할 수 있는 생활지도방법과 집단을 안정적으로 지도할 수 있는 방법을 안내하고자 합니다.

01
식사 시간

1) 식사 속도가 느려요.

사례 이야기 (초등 2학년 남자아이)

"밥을 먹을 때 속도가 늦어요."
"밥을 늦게 먹다가 결국 남겨요."
"밥을 먹을 때 다른 행동을 하거나, 얘기를 하느라 밥을 못 먹어요."

저는 아이들이 식사 시간이나 규칙을 모두 똑같이 지킬 수 있는 것은 아니라고 생각해요. 그래서 주말이나 식당이 아닌 방에서 식사를 할 때는 좀 더 시간을 넉넉하게 줘요. 그리고 반찬을 조금 남겨도 괜찮다고 해요. 하지만, 식당에서는 모두 같이 식사를 시작하고 끝내야 해서 시간에 맞춰 얼른 먹고 남기지 말라고 해요. 그런데 식사하는 데 걸리는 시간이 날마다 너무 크게 차이가 나서 힘들어요.

이유

1. 활동성이 낮은 아동은 아침에 일어나자마자 바로 움직이고 식사를 하는 것이 어려울 수 있어요.
2. 먹는 것에 대한 흥미가 적은 아동은 식사 시간에 능동적이기 어려워요.
3. 수행 속도가 느린 아동은 식탁에 오는 것부터 먹는 것까지 모든 행동이 느릴 수 있어요.

Good point	New point	Group point
여유로운 조율지점 제공하기	상황에 따라 다른 규칙 명시하기	배려받은 만큼 배려 돌려주기

좋은 생활지도방법

◉ 조율 경험 제공하기

학령기 아동은 더이상 양육자의 엄격하고 절대적인 태도와 엄포를 놓는 말로 규칙을 반드시 지켜야 한다고 생각하지 않습니다. 학령기는 자율적으로 규칙을 선택하고 결정할 수 있는 인지능력을 갖추고, 절대적인 사회적 규칙과 타협 가능한 규칙이 무엇인지 구별할 수 있는 연령입니다. 따라서 식사에 대한 속도와 열심히 먹어야 하는 태도의 문제는 절대적인 규칙으로 가르칠 영역이 아닙니다. 식사를 하는 것이 자신의 건강한 몸과 태도를 위해 스스로 노력해야 할 영역으로 이해하고 배워야 합니다.

- 학령기에는 주말(토, 일)이나, 생활 동에서 식사를 할 수 있는 상황이라면, 개별적 기질특성을 고려하여 조율해주는 것이 좋습니다.

아동의 개별적 기질특성과 욕구에 양육자가 반응할 때, 아동은 집단 속 '나'가 아닌 온전한 개인의 '나'로서 존중받는 느낌을 경험합니다. 또한 나의 욕구에 양육자가 관심을 가지고 조율해준다는 신뢰가 형성되면서 안정적인 관계를 만들어갈 수 있게 됩니다.

- 먹는 속도가 느린 아동 : 주말에는 식사시간 30분 → 50분으로 하기
- 식사량이 적은 아동 : 주말에는 식사량 스스로 정하기
- 편식이 있는 아동 : 주말에는 먹기 싫은 반찬 1가지 제외하기
- 간식을 좋아하는 아동 : 주말에는 간식 1개 더 먹기

◉ 일관적 조율기준 정하기

상황에 따른 규칙 조율에도 기준은 필요합니다. 상황과 개인적 욕구에 따른 조율지점이 양육자 입장에서는 일관적이라고 생각하지만, 아동은 모호하게 이해하는 경우가 많습니다. 그래서 구체적이고 명료한 기준을 명시해야 합니다. 특히 시간 제한, 양과 개수, 배려의 횟수 등 구체적인 부분을 명시하지 않고 조율을 하게 되면 아동이 더 많은 것을 원할 때 조율해주는 폭이 비일관적으로 적용되면서 기준에 따른 조율보다는 양육자의 기분에 따라 허락해준다는 인상을 주게 됩니다. 또한 아동양육시설은 다수의 양육자가 근무시간별로 달라지기 때문에 양육자 모두가 같은 조율기준을 갖고 적용하는 것이 중요합니다. 일관된 조율기준이 적용되지 않을 때, 아동은 규칙과 조율이 아닌 양육자의 성격특성에 따른 타협으로 생각하고 양육자의 눈치를 보면서 질서를 배우게 됩니다.

· 조율에 대한 기준은 식사시간 당시에 정하는 것이 아니라, 하루 전날 조율하여 고지하는 것이 좋습니다.

식사를 시작한 후에 조율하는 상황이 생겼다면, 식사가 끝난 뒤에 반드시 '앞으로 이렇게 조율하겠다.'라고 이야기하고 조율한 규칙에 대해 정리를 해주어야 합니다.

- 조율한 규칙이 생겼다면 파트너에게 미리 안내하고 다음 양육
  팀에게 내용을 인계합니다.

- 주말에는(X) → 주말 점심에만 / 주말 아침과 점심에만
  단, 주말에 외부에 나가야 하는 행사가 있을 때는 제외

- 천천히 먹어(X) → 주중에는 30분까지, 주말에는 50분까지 /
  13시까지 식사를 마치기

- 조율된 규칙을 제시했음에도 규칙이 순조롭게 지켜지지 않았
  다면, 식사시간이 더 길어지지 않도록 식사를 멈추고, 함께 정
  한 규칙이 효과적이지 않으니 규칙을 다시 정해야 합니다. 이후
  개별적인 시간을 갖고 다시 기회를 줄지, 다시 규칙을 정할지는
  양육자가 결정해야 합니다.

◉ 제안하기

먹는 것에 대한 관심과 의욕이 부족한 아동이 밥을 열심히 그리
고 제시간 안에 먹는 것은 생각보다 어려운 일입니다. 양육자의 설
교와 설명이 많아지면 결국 잔소리가 되어 동기를 더 저하시키거나
아동의 기분을 불쾌하게 만듭니다. 따라서 아동이 식사에 자발적인
동기를 가질 수 있도록 제안하여 자신이 식사에 대한 목적을 찾도

록 하는 것이 도움이 됩니다.

- 아동 스스로 식사의 목적을 정해보도록 하는 것이 좋습니다.

- What "무엇을 먹고 싶니?"

무엇을 먹고 싶은지 물어볼 때, 대책 없이 불가능한 엉뚱한 것을 얘기하거나 간식을 얘기하는 아동이 있기 때문에 제공해줄 수 있는 것을 미리 알려주면서 질문해야 합니다. 식사를 부지런히 먹었으면 좋겠다는 양육자의 의도와 마음을 먼저 전달하고, 김/김자반/감자 볶음/참치 등이 있는데, 어떤 것이 있으면 좀 더 맛있게 먹을 수 있는지 물어봅니다. 아동이 선호하는 반찬이나 선택한 것을 제공하여 식사를 도와줍니다. 이때 다른 아동들도 달라고 할 수 있기 때문에 함께 먹거나 다른 아동에게도 선택권을 줄 수 있는 질서를 정해놓는 것은 필요합니다.

- What "네가 원하는 것이 뭘까?"

느리게 먹는 아동의 경우 먹는 양을 줄이거나 먹지 않는 것을 원하는 경우가 많습니다. 원하지만 실제로 할 수 없는 것과 원하면 할 수 있는 것을 생각하지 않은 채 마냥 먹기 싫다고 생각할 수 있습니다. 따라서 식사에 대한 의욕이 낮아지기 때문에 아동에게 무기력하게 있는 것 대신에 원하는 것을 생각할 수 있도록 질문을 해야 합니다. 이 질문은 아동이 식사를 빨리 끝내고 싶은 마음과 식사시간 후에 원하는 것을 빨리하고 싶은 마음을 자극합니다. 아동이 원하는 것을 명료하게 인식할 수 있도록 도와주어 빨리 식사시간을 마치고 싶다면 어떻게 해야 할지 스스로 결정하도록 하는 것입니다.

- How "어떻게 하면 식사를 제시간 안에 끝낼 수 있을까?"

느리게 먹는 아동에게 질문을 던지고 방법을 생각해보라고 하는 것은 아동 스스로 생각하고 선택한다는 것에 의의가 있습니다. 즉, 마냥 밥상 앞에서 넋 놓고 있는 아동에게 스스로 인식하도록 의식을 깨우는 것입니다. 이때 아동이 대화의 목적에 집중할 수 있도록 한 가지 주제를 명시해 주어야 합니다. 예를 들어, "밥 먹는 시간 줄이기를 하려면 어떻게 하면 좋을까?"라고 질문함으로써 아동이 주제에서 벗어나지 않도록 하는 것이 중요합니다. 그리고 아동이 자신만의 대안을 선택한다면 그것을 수용해주고 자발적인 식사가 이루어지도록 하는 것이 좋습니다.

- 선택 후 결과 지도하기

밥을 느리게 먹는 아동이 어떤 대안을 선택했다고 항상 그대로 잘하는 것은 아닙니다. 아동이 말한 것을 스스로 지키지 못했을 때, 양육자는 "네가 이렇게 하면 잘 먹는다고 했잖아"라고 비난해서는 안 됩니다. 이때는 "네가 밥 먹는 걸 싫어한다는 것을 알고 있어."라고 공감한 뒤, 계속 늦게 먹게 되면 어떤 상황이 발생하고 양육자가 어떻게 상황을 안내할 것인지를 알려줍니다. 이는 계속 늦게 먹을 때 무슨 일이 발생하는지 겁을 주거나 경고하는 것이 아니라 상황의 전개를 알려주어 스스로 현재 상황에 대한 자각과 판단을 독려하는 것입니다. 그리고 마지막에 양육자는 약속을 이행하는 것이 아동에게 더욱 유익하다는 것을 알려주고 아동에 대해 기대하는 마음을 전달하는 것이 중요합니다.

"은정이가 식사가 늦어져서 30분이 지나면, 그다음 양치와 학교 갈 준비를 빨리 해도 학교로 출발하는 시간이 늦게 돼."

"은정이가 식사시간이 늦어져서 30분이 지나면, 우선 이모는 애들을 데리고 동으로 올라가야 해. 그럼 은정이는 식당에 혼자 있게 되는 거고, 네가 스스로 먹고 올라와야 해."

"조금 속도를 내서 먹고 일어나는 게 네게 좋아."

◉ 유아와 학령기 아동 구분하기

유아기 아동은 아직 양육자의 기준에 맞추어 기본규칙을 인지하고 습득해야 하는 시기이기 때문에 상황에 따른 조율이 있을 때, 기본생활습관을 배우는 과정이 혼란스러워질 수 있습니다. 따라서 학령기 아동 중 식사시간 조율이 필요한 경우 유아와 학령기 아동의 식사시간에 차이를 두거나 공간을 분리하여, 모두가 식사를 시작하는 시간에 식사를 하지 않아도 되는 예외적인 상황을 목격하는 것을 방지해야 합니다.

- 유아와 학령기 아동의 식사시간과 공간을 구별하기
- 유아들이 먼저 먹기 시작하고, 10분 뒤 학령기 아동의 식사시간 시작하기
- 유아들과 학령기 아동의 식탁을 구분하여 연령에 맞는 식사규칙 제공하기

◉ 배려받은 만큼 배려 돌려주기

식사 속도가 느려서 좀 더 천천히 먹도록 배려를 받는 아동이 생기면, 주변 아동은 자신도 무언가 원하는 것을 똑같이 받고 싶어 하는 마음이 생깁니다. 왜냐하면 식사시간에 대해 배려를 받은 아동만 뭔가 특혜와 관심을 받는 것처럼 느끼기 때문입니다. 모든 아동

에 대한 공평성은 중요하지만, 모든 아동의 욕구와 요구를 양육자가 들어줄 수는 없는 노릇입니다. 따라서 양육 공동체의 배려가 선순환되기 위해서는 아동이 받은 배려가 다른 아동에게 연결될 수 있는 흐름을 만들어주는 것이 필요합니다. 예를 들어, 식사시간을 넉넉하게 배려받은 아동은 식사 후 정리를 돕거나 다음 간식이나 식사를 할 때 누군가 도움을 요청하면 도와 주도록 하는 것이 좋습니다.

그러나 아동에게 배려를 받았으니 당연히 누군가를 도와야 한다는 것을 규칙으로 제시하면 다른 아동들은 배려받은 아동이 마땅히 얻은 유익만큼 고생해야 한다고 생각하거나 심부름을 시켜도 된다고 생각하며 부정적인 방향으로 역동이 발생합니다. 따라서 양육자는 배려받은 만큼 너도 누군가를 도와달라고 부탁해야 합니다. 배려는 규칙이 아닙니다. 아동 스스로 배려받은 것을 알도록 하고, 다른 친구에게 어떤 배려를 해주고 싶은지 기꺼이 돕도록 하는 것이 중요합니다.

- 식사시간에 배려를 받은 아동은 식사 후 친구 혹은 동생들에게 도움주기

"은정이가 천천히 먹을 수 있도록 배려를 받아서 편안했지. 혹시 너도 도움이 필요하다고 부탁하는 동생이 있으면 도와주면 좋겠다."

이러한 부탁이 선순환이 되게 하려면, 배려를 돌려주고자 하는 자발적인 마음이 생겨야 합니다. 따라서 양육자가 부탁했을 때 아동은 배려를 돌려주어도 좋고, 그렇지 않아도 괜찮은 편안한 선택권이 있어야 합니다. 그리고 아동이 누군가를 도왔다면 양육자는 충분히 고마움을 표현하여 아동의 자발적인 배려를 독려해야 합니다.

◉ 느리게 먹는 아동의 체면 지켜주기

한 아동이 식사가 늦어지면, 자연스럽게 집단에서 "쟤는 늘 느린 아이"라고 낙인되는 경향이 있습니다. 보이지 않는 또래 서열에 영향을 주거나 무시와 무관심의 관계패턴이 만들어지면서 아동 자신도 느린 패턴을 교정하려고 하지 않을 수 있습니다. 그러므로 느리게 먹는 아동이 밥을 먹는 것 외에 잘하고 있는 강점을 인정해 주어 강점과 약점에 대한 또래들의 인식에 균형을 맞춰주는 것이 중요합니다.

2) 식사 준비부터 꾸물거려요.

"밥을 먹으러 오라고 하면, 오지 않아요."
"밥을 먹으러 오라고 하는 소리를 듣지 못하는 것 같아요."
"식사 준비를 같이 할 때, 맡은 일을 하지 않고 꾸물거려요."

아이가 책을 좋아해서 학교에 갔다 와서 자유시간일 때 나가서 놀기보다는 좋아하는 만화책을 봐요. 그런데 만화책을 보거나 본인이 좋아하는 TV를 볼 때는 지시를 해도 거의 듣지를 못하는 것 같아요. 불러도 쳐다보지도 않고요. 거의 10번은 부르는 것 같아요. 좀 더 차분하게 여러 번 얘기하니 20번이 10번으로 줄어들기는 했지만 때로는 너무 힘이 들어요.

이유
1. 주변 상황에 대한 사회적 주의력이 낮은 아동은 양육자의 말에 초점이 안 맞춰질 수 있어요.
2. 한 가지에 몰입하는 지속성이 높은 아동은 양육자의 말이 진짜 들리지 않을 만큼 몰입되어 있을 수 있어요.
3. 계속하려는 지속성이 높은 아동은 양육자의 말을 들었지만 멈추지 못한 채 흐름대로 가고 있을 수 있어요.

Good point	New point	Group point
차분한 지시	미리 목표 정하기	긍정반응 아동에게 관심과 배려

좋은 생활지도방법

◉ 차분한 지시

　주의력이 낮거나 하고 싶은 것을 계속하려는 지속성이 높은 경향성을 가진 아동의 경우, 활동을 멈추고 조절하는 것이 어렵습니다. 그래서 한 가지 활동, 특히 좋아하는 것을 하다가 하기 싫은 활동으로 주의를 바꾸는 것이 잘되지 않는 것입니다. 이때 양육자가 여러 번 얘기해도 실제로 듣지 못했거나 들었어도 하고 있는 것을 지속하면서 막다른 지점까지 가려는 경향이 있어 여러 번 반복해서 지시를 하는 일이 생깁니다.

　주의력이 좋지 않은 아동에게 빨리 주의를 기울이게 하려고 곧바로 경고하거나 큰 소리로 지시를 하게 되면, 결국 아동은 양육자의 목소리가 높아져야만 움직이는 기준이 강화됩니다. 즉 자신이 움직여야 하는 마지막 신호를 양육자가 소리를 높여 경고를 하는 것에 맞춰서 결국 양육자가 화를 내야 말을 듣는 상황이 된다는 것입니다. 그래서 주의력이 약한 아동이나 활동을 빨리 전환하지 못하는 아동에게는 차분한 말투로 여러 번 지시하여 스스로 주의를 기울이게 하고, 반복하면서 지시하는 횟수를 줄여가도록 지도하는 것이 바람직합니다.

이 경우 양육자의 인내심이 무엇보다 중요합니다. 양육자는 먼저 아동이 주의력이나 조절력이 약하다는 것을 인지하고, 양육자의 말을 무시한다는 판단을 내려놓아야 합니다. 그리고 양육자 스스로 지시하는 횟수가 줄어드는지, 아동이 반응하는 속도가 **빨라지는지**를 인식하고 있을 때, 양육자의 꾸준한 노력을 통해 아동이 변화하는 것을 볼 수 있습니다.

· 주의력이 식사 문제의 원인이라면, 반복적 훈련이 필요합니다.
· 주의력이 약한 아동에게 지시에 반응하는 훈련은 지시를 기억하는 훈련입니다.
· 지속성이 높은 아동에게 지시에 반응하는 훈련은 하고 싶은 것을 멈추는 훈련입니다.
· 차분한 지시를 하는 이유는 평범한 양육자의 톤에 반응하는 것을 가르치기 위함입니다.
· 지시의 횟수가 줄었다면, 줄어든 것 자체가 아동의 노력이며,
· 그 변화를 아동에게 알려주어 스스로 변화를 알아차리도록 도와줍니다.

- 지시에 빨리 반응했을 때 양육자가 기쁨으로 충분히 반응해주어, 아동이 자신의 반응이 누군가에게 기쁨과 기여가 될 수 있음을 알려주는 것이 도움이 됩니다.

◉ 지속성이 높은 아동에게 자율적 시간 의논하기

하고 싶은 것을 기어이 하려는 지속성 기질의 아동에게 방과 후에 하고 싶은 활동을 할 수 있는 시간을 주는 것은 매우 중요합니다. 이 시간을 통해 일상적 회복이 일어납니다. 학습과 학교적응은 아동이 마땅히 해야 할 일이지만, 소진된 뒤에 자율시간과 활동을 할 수 있는 기회를 주는 것은 매우 중요한 양육입니다. 아동이 자신이 누리고 즐길 수 있는 자율적인 시간을 알고 있다면, 그 시간을 더 잘 관리하고 그 다음에 무엇을 해야 하는지 스스로 생각하여 움직이는 것이 원활해집니다. 그러므로 양육자는 방과 후 가질 수 있는 자율시간에 대해 아동과 함께 의논하고, 아동 스스로 그 시간을 인식하고 계획할 수 있도록 도와야 합니다.

◎ 미리 활동 계획세우기

지속성 경향이 높은 아동은 한 번 좋아하는 것을 시작하면 계속하려고 하면서 멈추는 것이 쉽지 않습니다. 몇 시까지 하는 것이라고 시간을 고지해도 시계 자체를 보지 않거나 시간이 가는 것을 인지하고 있지 않기 때문에 시간을 알려주는 것도 좋지만, 활동 자체에 대한 계획과 목표를 미리 결정하는 것이 효과적입니다.

예를 들어, 만화책을 본다면 30분까지 보고 나가는 것이라고 규칙을 정하기보다는 만화책을 볼 때, 오늘 저녁 시간 전까지 몇 페이지까지 만화책을 볼지 정하도록 하는 것입니다. 120페이지까지 볼지, 몇 권을 볼지 정할 때는 지금부터 만화책을 볼 수 있는 시간이 몇 분 남았다는 것을 알려주고 그 시간 안에 자신이 하고 싶은 양을 결정하도록 합니다. 그렇게 했을 때, 스스로 하고 싶은 것을 다 하려고 시계를 보면서 활동할 것입니다.

- 자율시간과 하고 싶은 것을 계획해서 못 하게 한다는 억울함을 줄이기
- 몇 시간, 몇 분 동안의 자율시간이 있는지를 알려주세요.
- 아동이 하고 싶은 것을 제한하는 것이 아니라, 그 시간 안에 하고 싶은 것을 결정하도록 안내해주세요. 시간을 지키는 것에

초점을 맞추어 얘기하면 통제받는다고 생각하지만, 시간 안에 하고 싶은 것들을 모두 정해보라고 하면 아동의 자율시간을 양육자도 존중하고 있다고 느낍니다.

◉ 일과표 알려주기

주의력이 낮거나 지속성이 높은 아동의 특징은 전체적인 계획을 생각하고 있지 않다는 것입니다. 그래서 때마다 다시 지시하거나 설명해줘야 하는 일이 생기므로 아동에게 일과표가 숙지 될 수 있도록 알려주는 것이 필요합니다. 일과표는 활동을 시작하기 전에 알려주는 것이 필요하기 때문에 전날 다음 날의 일과표를 알려주거나 일과표가 요일마다 일정하다면 일요일에 알려주어 월요일부터 금요일까지의 일정한 시간을 숙지하도록 하는 것이 중요합니다.

일과표를 기억하게 할 때는 시간을 기억하게 하는 것보다는 순서를 기억하게 하는 것이 중요합니다. 주의력이 약한 아동이나 지속성이 높은 아동의 경우 지엽적 기억보다는 활동의 순서를 기억하여 다음 활동을 예측할 수 있도록 하는 것이 중요하기 때문입니다.

· 전체 일과의 순서 기억하도록 하기
· 전체 일과 중 아동이 주의를 기울이기 어려운 식사 시간 앞뒤의 일과를 알려줍니다.

- 한 번에 3-4개의 절차만 알려줍니다.
  - 손씻기
  - 무엇을 할지 정하기
  - 정한 것을 모두 하면 양육자에게 모두 했다고 말해주기
  - 식사 준비하기
- 초등 저학년이라면 시각적 단서를 제공하여 일과 순서를 기억하도록 도와줍니다.

  일과 순서를 시각적 단서로 알려줄 때는 자신이 직접 이미지를 생각하여 간단하게 그려보게 하는 것이 좋습니다. 그리고 그린 것을 붙여놓고 생활해도 좋지만, 주의력이 낮다면 붙여놓은 것을 보지 않기 때문에 매일 아동과 일과를 시작하기 전에 간단한 브레인스토밍을 하는 것이 도움이 됩니다. 이때 아동이 그림을 그린 후 기억을 잘해서 순서를 잘 지키는 것이 목적이 아니라, 일과 순서를 기억하기 위해 그리기 활동을 꾸준히 하는 것 자체를 칭찬하는 것이 중요합니다. 아동에게 주의를 기울이려는 노력 자체에 대한 인정을 먼저 해주었을 때, 일과 순서를 기억하려고 합니다. 또한 일과 순서를 기억하여 스스로 활동을 끝내고 식사 준비를 한다거나, 한 번 부르는 말과 지시에 반응했을 때는 즉각 칭찬하는 것이 중요합니다.

◉ 지시에 빠르게 반응한 아동에 대한 관심과 배려

지시에 늦게 반응하는 아동이 있는 경우 생길 수 있는 집단의 역동은 지시에 빠르게 반응하여 식사 준비를 더 많이 돕거나 더 오래 기다리게 된 아동이 하고 싶은 것을 다 하고 식사하러 늦게 오는 아동으로 인해 억울함이 생기는 것입니다. 그러므로 지시에 늦게 반응하여 꾸물거리는 아동을 기다리는 다른 아동에 대한 관심과 고마움을 알아 차려주는 것이 중요합니다. 그리고 너무 오래 기다리기보다는 1-2분 정도 기다린 후 먼저 식사를 하게 하는 것이 좋습니다. 왜냐하면 기다림이 너무 길어지면 꾸물거리는 아동을 비난하게 되고, 지시에 따르는 것이 유익보다는 손해가 될 때 꾸물거리는 아동에 대한 원망이 커질 수 있기 때문입니다.

02
오전 시간

1) 오전 준비(이불 개기, 옷입기 등)가 느린 아동

사례 이야기 (초등 3학년 남자아이)

"아침마다 일어나는 것을 힘들어해요."
"일어나라고 하면 이불에 앉아서 그대로 다시 눈을 감고 자요."
"일어나라고 말해도 도통 움직이지를 않고 멍한 표정으로 앉아있어요."

늘 아침마다 한 아이가 일어나는 것부터 힘들어해요. 잠이 부족한가 싶어서 밤에 일찍 재우려고 하고 밖에서 많이 뛰어논 날이면 좀 더 일찍 재우려고 하는데, 여전히 아침에는 힘들어하네요. 아침에 일어나서 이불을 개고 방에서 나오는 것도 힘들어해서 등을 토닥여주거나 간단한 마사지를 해주며 잠을 깨워보는데, 다른 아이들은 5분도 걸리지 않는 걸 거의 20분은 걸려 하는 것 같아요.

이유

1. 매일 정해진 시간에 일어나도 생체 리듬이 낮으면 매번 일어나기가 힘들어요.
2. 활동성이 낮은 아동은 쉬고 있다가 갑자기 에너지를 쓰며 움직이기가 힘들어요.
3. 주의력이 낮아 하기 싫은 것에 초점을 맞추지 않고 미루는 지연 행동일 수 있어요.

Good point
수면의 질 높이기

New point
워밍업 시간주기

Group point
긍정행동 환경 만들기

좋은 생활지도방법

◉ 수면의 질 높이기

아동마다 적절한 수면의 양이 다릅니다. 어떤 아동의 경우에는 잘 때 몸부림을 치거나 잠꼬대나 꿈을 꾸는 등의 이유로 수면의 질이 낮아서 아침에 개운하게 일어나는 것이 어렵습니다. 수면의 양이 많이 필요한 아동인 경우, 아동양육시설 특성상 기상 시간이 매우 빠르기 때문에 저녁에 일찍 잠자리에 들어 수면의 총량을 늘려주는 것은 중요합니다. 특히 활동성 에너지가 낮은 아동이 전날 체육활동이나 행사 등의 이유로 에너지 소진이 많았다면, 그만큼의 에너지를 충전할 수 있는 수면의 양을 채워주고 수면의 질을 높이는 것이 예방적인 생활지도입니다.

- 아동 개인별 알맞은 수면 시간을 체크하기
- 수면을 통한 에너지 회복이 중요한 아동에게 수면 시간이 채워지도록 일찍 재웁니다.
- 수면의 질이 높아져 에너지가 충전되도록 자기 전 각성을 낮춰줍니다.

자기 전 아동의 각성이 높아 흥분상태인 경우, 많은 활동을 한 뒤에 곧바로 자게 되는 경우, 또는 속상한 마음이나 아쉬운 놀이 활동 등에 대해 해결을 하지 못한 채 잠이 드는 경우 아동의 각성이 진정되지 않아 깊은 수면을 방해합니다. 감각이 진정되지 못한 채 잠이 들면, 수면은 시작되었으나 몸의 각성이 남아 몸부림을 치면서 자기도 하고 정돈되지 못한 마음들이 잦은 꿈이나 잠꼬대로 올라오면서 수면을 방해합니다. 따라서 수면의 질이 낮아 오전에 일어나기를 힘들어하는 아동이라면 자기 전에 몸과 마음을 이완하는 약간의 시간이 필요합니다.

◉ 몸의 각성 높여주기

활동성이 낮은 아동의 경우, 아동이 자다가 막 일어났을 때 몸의 감각들이 바로 깨어나지 않습니다. 몸의 각성이 높아져야 눈을 뜨고, 일어나고, 움직일 텐데 여전히 몸의 감각 신호들이 깨어나지 않으니 움직이기 힘든 것입니다. 그래서 각성이 빨리 올라오지 않는 아동에게는 햇살이 잘 들어오는 방에서 자도록 하여, 천천히 해가 들어와 햇빛에 의해 감각이 깨어나고, 오전에 창문을 열어 시원한 바람이 들어와 감각이 깨어나도록 돕는 것이 중요합니다.

그래서 양육자가 가볍게 아동의 팔을 주물러주거나 등을 토닥이며 감각들이 일어나도록 도와주는 것은 효과적입니다. 막 일어난 아동에게 너무 거칠거나 강한 접촉은 아동을 감각적으로 더 기민하게 만들고, 접촉에 대한 불편감을 전달할 수 있으므로 가볍고 기분 좋은 접촉을 통해 깨우는 것이 좋습니다.

- 조도, 온도로 감각 깨우기
- 햇살 드는 방에서 수면하도록 하여 햇살로 인해 새벽부터 감각이 깨어나도록 해주세요.
- 잠을 깨우며 창문을 열어 시원한 바람 혹은 찬물 한 잔으로 감각이 깨어나도록 해주세요.
- 부드럽게 부르고(청각), 부드럽게 앉히거나 등을 두드려주며

감각(촉각)을 깨워주세요.

◉ 기대되는 다음 활동 연결해주기

생체 리듬이 낮거나 각성이 빨리 되지 않은 아동의 경우, 감각을 깨우려고 하기보다는 더 눕고 더 쉬려고 하는 경향이 강합니다. 그래서 아동은 더 늘어지고, 잠시라도 더 자거나 쉬려고 하는 것입니다. 아동에게 지금 일어나서 이불을 개고, 옷을 갈아입으면 그 뒤에 쉴 수 있는 시간이 있을 거라고 알려줍니다. 그러면 아동은 쉬려는 욕구를 지금 이루지 못하는 것이 아니라 빨리 움직여서 할 일을 하고 이후에 쉼을 선택할 수 있게 됩니다.

· 빨리 끝내고 다음으로 넘어가고 싶도록 유도하기
· 이부자리 정리를 안내할 때, 지시가 아닌 안내와 긍정 기대로 전달합니다.
· "이불을 30분까지 정리하고, 세수하기 전까지 잠깐 거실 소파에 앉아서 쉬고 있어."
· 안내란, "~를 해라"라는 지시가 아닌, 시간에 따른 활동을 알려주는 정보제공이며, 아이가 좋아하는 것을 선택하기를 선생님도 원한다는 긍정 기대를 전달하는 것을 말합니다.

- 아동의 행동에 대해 구체적으로 칭찬해주어서 아동의 노력 행동을 강화합니다.

"은정아, 시간에 맞춰 이불을 잘 정리했네. 고마워."(시간에 맞춘 것에 대한 구체적 칭찬)

"은정아, 이불을 빨리 갰네."(이불 개기를 빨리한 것에 대한 구체적 칭찬)

◉ 약간의 시간은 주되, 제한 시간 정하기

아동이 이부자리 정리 및 옷 입기를 몇 시까지 해야 하는지 제한 시간은 정해야 합니다. 시간 제한이 없는 경우 한도 끝도 없이 계속 쉬려고 하거나 꾸물거리기 때문에 각성이 올라오는 것이 힘든 아동에게 시간적 여유는 주지만 제한선이 있어야 합니다.

- 시간과 구체적 행동목록 안내하기

◉ 최소한의 동선 만들기

활동성이 낮거나 생체 리듬이 낮은 아동은 오전부터 빨리 움직이는 것이 어렵습니다. 그러므로 아동이 이부자리를 정리해서 넣어야 하는 장롱 옆에 자리를 배정하여 움직여야 하는 동선을 줄여주거나 갈아입을 옷을 잠자는 머리맡에 놓아주는 것이 효과적입니다.

- 최소한을 움직여서 쉽게 끝내는 동선 제시하기

- 이부자리 정리를 해야 하는 장소를 정합니다.

- 정리하는 장소 바로 옆으로 수면 자리를 정합니다.

- 기상 후, 양육자는 가까이 다가가서 이불과 정리장소를 손가락으로 가리키며 지시하여 아동이 보고 듣는 메시지로 지시를 들을 수 있도록 하는 것이 효과적입니다.

"이 이불, 여기 장롱에 넣어라."

◉ 긍정 행동을 위한 환경 만들기

꾸물거리는 아동에게 다가가 지시를 한 뒤에는 즉시 꾸물거리지 않고 지시에 순응하고 있는 아동에 대한 관심을 보여주어야 합니다. 꾸물거리는 아동이 더 긍정적인 관심을 받는다고 느껴지면 다른 아동들도 꾸물거리는 행동으로 관심을 유도할 수 있기 때문입니다.

- 양육자의 시선과 마음은 노력하는 아이들에게 향해있다는 느낌 주기

- 빨리 이부자리를 정리하는 아이에게 고마움을 표현해주세요.

"은정아, 이불을 잘 정리해줘서 고마워."

- 꾸물거리는 아동 주변에 머물지 말아야 합니다.

곁에 머물러주는 양육자의 행동은 환경을 정체하게 하면서 아동이 아직 꾸물거려도 된다는 여지를 줄 수 있습니다. 그러므로 아동 주변에서 감독은 하되, 역동적으로 움직이고 말하면서 주변 아동들에게 관심을 주세요. 역동적으로 움직이라는 것은 이곳저곳을 부산스럽게 움직이는 것이 아니라 이불을 개는 행동, 이불을 바르게 개는 행동, 무겁지만 개려고 노력하는 행동, 이불을 개고 나서 세수를 하는 행동, 친구를 도와주는 행동 등 이불 개기와 관련된 것에 칭찬하는 것을 의미합니다. 그래야지만 이불 개기에 대한 양육자의 지시에 대한 인식이 흐트러지지 않을 수 있습니다. 따라서 다른 아동들에 대한 고마움은 이불 개기와 연관되어야 합니다.

- 순응하는 아동에 대한 관심이 아동 간 비교가 되지 않도록 하기 위해서는 꾸물거리는 아동을 계속 주시하지 않아야 합니다. 주시할 경우, 간접적인 강요가 되거나 꾸물거림에 대한 부정적 관심을 강화합니다.
- 비교하는 말로 칭찬하기보다는 있는 그대로 칭찬해야 합니다. '누구는 벌써 정리했네.'라는 말처럼 비교하는 마음을 말에 숨기지 않고, 양육자의 말을 빨리 들어줘서 고맙다고 표현하는

것이 좋습니다.
- 꾸물거리는 아동의 작은 행동도 긍정적으로 알아차려 주며, 아동이 오래 버티지 않도록 하기. 아동이 자리에서 움직인다면, "그래~ 이제 일어나려고 하는구나. 고맙다."

2) 오전 준비가 산만한 아동

사례 이야기 (초등 2학년 남자아이)

"아침부터 뛰어다녀요."
"할 일은 안 하고, 계속 참견을 하면서 돌아다녀요."
"하나를 제대로 끝마치지 않은 상태에서 떠들거나 딴짓을 해요."

아침에 이불을 개라고 하면, 이불을 개다가도 옆에 동생에게 일어나라 참견하고, 아침을 먹고 칫솔질을 하다가도 옆에 아이랑 키득거리며 장난을 치고, 가방을 챙겨서 나오라고 하면 방에서 친구나 동생들을 건들며 놀고 있어요. 계속 쫓아다니면서 지시를 하는 것도 지쳐요. 그래도 잘했다고 칭찬을 해주거나 동생들을 잘 도와주기도 해요. 잘할 때는 잘하는데 늘 마무리가 미흡하거나 중간에 딴짓이 많아요.

이유

1. 활동성이 높은 아동은 심심하고 정체되어있는 상황을 잘 못 견뎌요.
2. 주의력이 낮은 아동은 한 가지 활동에 대한 기억을 유지하거나 마무리를 하는 것이 어려워요.
3. 주변 자극에 대한 기민성이 높은 아동은 보이는 것도 들리는 것도 많아서 참견이 많아요.

Good point
칭찬으로 강화하기

New point
지시와 즉각칭찬세트

Group point
또래들의 긍정피드백

좋은 생활지도방법　　새로운 생활지도방법　　집단적용 생활지도방법

◉ 칭찬으로 강화하여 긍정행동 유지시키기

　활동성이 높은 아동은 오전에 일어나자마자 스프링이 튀어 올라가듯 잠자리에서 일어나 말하고 움직입니다. 어떻게 일어나자마자 저렇게 힘이 넘칠까 하지만 각성이 높은 아동들은 오전에 일어나 에너지를 발출하는 것으로 에너지를 충전한다고 생각하면 특이한 일도 아닙니다.

　활동성이 높은 아동에게는 계속적인 자극이 있을 때가 더 편안합니다.

오히려 조용하거나 너무 차분한 오전은 불편하거나 에너지가 처지는 것으로 느껴져 주변이 조용할수록 더욱 산만해질 수 있습니다. 그러므로 산만한 행동으로 인해 오전 준비 수행이 잘되지 않는 아동에게는 진정하라고 앉혀놓는 것보다는 긍정적인 행동에 즉각적으로 관심을 보여주고 칭찬을 해서 에너지를 긍정 행동 방향으로 쓰도록 하는 것이 효과적입니다.

· 역동적으로 움직일 수 있는 기회를 주기

· 즉각적으로 짧게 얘기해줍니다.
활동성이 높은 아동에게 양육자가 천천히 길게 칭찬을 하면, 칭찬의 내용을 다 듣기도 전에 몸을 돌려 움직이고 이동합니다. 돌아다니고 산만한 행동을 하기 쉬운 활동성이 높은 아동에게 긍정 관심으로 에너지를 채워주려면 즉각적이고 짧아야 양육자의 메시지가 그 순간 아동에게 전달됩니다.

· 관심과 칭찬하는 반응은 적절한 각성으로 전달합니다.
활동성이 높은 아동에게 양육자의 반응이 너무 텐션이 높으면, 되려 각성을 높여 흥분하거나 장난과 과잉행동이 지나칠 수 있습니다. 반대로 양육자의 반응이 너무 미적지근한 반응이라면 아동의 높은 각성에 맞닿지 않아 정서적 메시지가 전달되지 않습니다. 아동의 각성을 음계라고 생각하면 아동의 각성 음계에 맞춰 칭찬하는 톤과 정서적 에너지를 써서 각성을 맞춥니다. 이러한 각성을 맞추는 이유는 아동의 각성을 조절하기 위해 양육자가 먼저 아동과 같은 각성으로 개입하여 공동의 각성으로 다가가 아동의 각성을 낮추기 위함입니다. 이를 양육자의 공동조절자 역할이라고 합니다. 양육자는 아동의 정서와 표정, 흥분의 정도에 맞추어 짧은 칭찬을 한 뒤 그다음 다소 차분한 칭찬을 한 번 더 하여 각성을 같이 조절해줍니다.

◉ 참견하는 민감성을 좋은 오지랖으로 연결하기

외부자극에 기민한 아동은 남들이 3가지가 보일 때, 10가지가 보이고 들리는 아동입니다. 그래서 참견하는 것을 못하게 막기보다는 참견하는 것을 집단에 기여가 되는 방향으로 연결하는 것이 아동에게도 양육자에게도 도움이 됩니다. 활동성이 높고 기민한 아동을 얌전하고 둔감한 아동으로 변화시킬 수는 없다는 것입니다.

그러므로 양육자가 도움이 필요한 부분을 먼저 부탁하거나 도움이 필요한 동생을 도와달라고 부탁하는 것이 좋습니다. 자신이 할 일을 마치지 못하고 주변에 대한 참견이 먼저 나온다면, 양육자가 아동의 이부자리 정리를 빨리 할 수 있도록 도와주고 이후 도움주기로 적절하게 움직일 수 있도록 합니다.

- 계속 움직이고 참견하는 행동을 도움이 되는 행동으로 바꿔주기

◉ 직설적 지시와 칭찬을 한 세트로 전달하기

자극적인 것을 선호하고 가만히 있는 것이 어려운 활동성이 높은 아동에게 길고 진지한 지시는 크게 효과적이지 않습니다. 그것을 불편하게 느껴 진지하게 얘기하려고 다가가면 더 회피하거나 더 과장하는 행동을 하기도 합니다. 특히 주의력이 낮은데 부산스럽다면 더욱 그렇습니다.

그래서 각성수준이 높은 과활동성을 보이는 아동에게는 직설적 지시와 즉각적인 칭찬을 한 세트로 전달하는 언어지도방법이 효과적입니다. 직설적 지시는 무섭고 엄격한 명령이 아니라, 말의 어미를 분명한 지시형으로 하여 아동이 지시와 설명을 구별하게 하는 것입니다.

아동에게 "안 돼, 그만, 하지 마라, 멈춰라!"라는 부정적인 명령이 아닌, 지금 바로 해야 할 일을 지시형으로 말하는 것입니다. 이렇게 말해야 하는 이유는 아동의 행동이 양육자를 방해하거나 주변 상황을 산만하게 만들 때는 아동의 과잉행동을 빨리 진정시키는 것이 집단에서는 매우 중요하기 때문에 빠른 개입이 필요합니다.

- "~ 해라"라는 직설적 지시로 전달합니다.

아동이 산만한 행동을 보일 때, 하지 말라는 부정지시를 긍정지시로 바꾸어 말하는 것이 중요합니다. 양육자의 부정지시가 계속되면 부정적인 경고에 아동은 둔감해집니다. 그래서 절대 해서는 안 되는 행동에 대한 지시는 '안 돼', '멈춰' 등의 지시로 하되, 나머지는 긍정지시로 바꾸어 경고와 구분하는 것이 좋습니다.

: 이불 펄럭거리지 마라! → 이불 개라.
: 옷 들고다니지 마라! → 옷 입어라.
: 뛰지 말아라! → 걸어라.

- 직설적 지시 뒤에는 1초의 망설임도 없는 긍정 칭찬이 뒤따라야 합니다.

특히 산만한 아동이나 주의력이 빈약한 아동은 긍정행동을 학습하는 과정에서 칭찬조차 주의를 기울이지 않고, 방금 한 행동에도 주의를 기울여 반응하는 것이 어렵기 때문입니다. 그래서 아동에게 지시를 한 뒤에 아동이 지시에 따른 행동을 시작하려고만 해도 바로 긍정관심을 보여주어 지시에 즉각 반응하는 것 자체에 대한 강화를 하는 것이 행동지도에 효과적입니다.

"은정아, 이불 개라. (은정이가 이불 쪽으로 간다.) 이불 개려고 하는구나. 고마워~"

"은정아, 옷 입어라, (은정이가 바지를 든다.) 바로 해줘서 고마워~"

⊙ 스파크가 일어나는 아동과는 공간만들기

과활동성을 가진 아동, 쉽게 자극에 반응하는 아동들끼리는 즉각적인 반응이 누구에게서 일어나는지 알기 때문에 비슷한 아동들끼리 자석처럼 끌립니다. 따라서 오전 시간처럼 촉박한 시간 동안 빨리 일과를 진행해야 할 경우, 과활동성 아동들끼리 붙어 시너지를 내면 전체적인 집단 분위기가 금세 흥분될 수 있습니다. 따라서 자극에 서로 쉽게 반응하여 스파크가 일어나는 아동끼리는 오전 준비 시간에는 거리를 두어 관계의 공간을 만드는 것이 필요합니다.

그렇다고 반대로 아무리 말하고 건드려도 반응이 없는 아동을 파트너로 두면 더욱 반응을 기대하며 목소리가 커지고 행동이 과장될 수 있어 적절치 않을 수 있습니다. 오히려 행동이 민첩하면서도 해야 할 일을 빠르게 하는 또래를 파트너로 두어 긍정적인 행동이 자극이 되도록 하는 것이 좋습니다.

· 서로의 동선이 겹치지 않도록 하기

과활동성 아동들끼리는 거리를 두어 서로의 동선이 겹치지 않도록 해주는 것이 예방적인 환경입니다.

◉ 집단에서 고마움을 듣도록 하기

주변 환경과 또래들에 관심이 많은 관계 지향적 아동이거나 관계 지향적인 활동을 추구하는 아동의 경우, 관계에서 긍정적인 피드백이 주어지면 그것으로 에너지가 충족되면서 불필요한 과잉행동이 줄어들 수 있습니다. 그러므로 아동의 행동을 긍정적인 도움과 오지랖으로 연결하고, 또래들이 아동에게 고마움을 표현하도록 하여 아동의 관심과 소속에 대한 욕구가 채워지도록 하는 것이 도움이 됩니다.

03
학습 시간

1) 공부 시간에 딴짓을 해요.

사례 이야기 (초등 5학년 남자아이)

"공부만 하자고 하면 5분이 채 지나지 않아 딴짓을 해요."
"하기 싫은 과목을 하면 넋을 놓고 있거나, 괜히 나갈 일을 만들어서 나가요."
"옆에 붙어서 지도하지 않으면, 결국은 혼자서 학습량을 끝내지 못해요."

학습 시간이 시작되면 툴툴거리기 시작해요. 좋아하는 과목을 할 때는 곧잘 집중하고 잘하는 과목은 공부하고 스스로 뿌듯해하면서 자랑도 해요. 문제 풀이도 잘하는 편인데, 하기 싫은 과목을 하거나 조금만 어려운 문제가 나오면 풀어보려고 노력하지 않고 그냥 멍하니 있어요. 빨리하라고 하면 금방 또 푸는데 옆에서 감독을 안 하면 계속 딴짓을 하고 괜히 목마르다 화장실 가고 싶다면서 돌아다녀요.

이유

1. 주의력이 낮은 아동은 하기 싫은 것에 집중력을 유지하는 것이 어려워요.
2. 주의력이 낮은 아동은 어렵다거나 할 것이 많다고 생각되면 성취동기가 낮아져요.
3. 활동성이 높은 아동은 빨리 성취가 되지 않는 것에 끈기를 발휘하기를 어려워해요.

Good point
함께하며 감독하기

New point
개별적 적절한 양, 수준 정하기

Group point
구체적인 귀인피드백

> **좋은 생활지도방법**

◉ 잘하는 과목 공부로 학습 시간을 즐겁게 인식하기

아동이 좋아하는 과목과 싫어하는 과목이 있는 것은 당연합니다. 학령기 아동이 싫어하는 과목에 덜 집중하고 노력하기를 힘들어하는 것은 당연한 일이기도 합니다. 그러나 학습을 지도하는 시간마다 아동이 스스로 하지 않거나 계속 학습을 지연하려고 하면, 다수를 지도하는 양육자는 매일 학습을 지도하는 것이 어려울 것입니다.

아동이 학습에 대한 부정적 인식을 가지고 있어 공부 시간만 되면 무기력해지거나 학습에 대한 의욕을 갖지 못한다면, 아동이 좋아하는 과목, 아동이 적은 노력을 해도 성취할 수 있는 쉬운 난이도를 공부하도록 하는 것이 효과적입니다. 우선, 학습에 대한 의욕과 긍정적인 인식을 갖도록 하는 것이 중요하기 때문입니다.

또는 대부분은 과목에서 좋은 학습 능력을 보이나 서술형 문제 혹은 복잡하게 생각하여 풀이해야 하는 수학, 긴 글을 읽고 풀어야 하는 국어 같은 과목을 하기 싫어한다면, 문제 풀이 페이지 중에서 난이도가 쉬운 몇 개의 문제만 풀도록 하거나 난이도를 낮추어 과목 자체에 대한 부담감을 줄여주는 것이 학습에 대한 자신감을 높여주는데 도움이 됩니다.

· 좋아하는 과목부터 공부하기

학습에 대한 부정적 인식을 가진 아동에게는 좋아하는 과목부터 공부하도록 지도합니다.

· 문제의 개수를 줄이기

난이도가 높은 것을 학습하거나 내용을 읽고 생각하는 것을 귀찮아 하는 아동이라면, 문제의 개수를 5문제 중 3문제만 골라서 풀게 하여 학습 자체에 대한 부담을 우선 줄여줍니다.

- "그럼에도 불구하고", 긍정 행동을 찾아서 칭찬하기

학습은 아동에게 하기 싫고, 힘들고, 늘 해도 어려운 일입니다. 그러나 학습이 즐거워지면 학습만큼이나 개인 및 사회적 성취감을 얻을 수 있는 것도 많지 않습니다. 아동이 학습 시간에 딴짓을 하기도 하고 불필요한 행동을 하더라도, 부정적 행동보다는 긍정적 행동을 알아차려주어 학습 시간에 받는 지적과 잔소리를 줄여주어야 합니다. 정말 별것이 아니더라도 조용히 앉아있는 것은 잘하고 있는 것이며, 화장실에 갔다 오더라도 금세 돌아왔다면 학습 시간을 지키려고 노력하는 것이고, 친구와 떠들고 싶어도 참고 조용히 하는 순간이 있다면 애쓰고 있는 것입니다.

즉, 양육자의 관점을 "그럼에도 불구하고" 긍정적으로 잘하고 있는 것에 초점을 맞추어 본다면, 아동이 꽤 잘하고 있는 지점들이 있을 것입니다. 양육자가 보기에는 아동이 잘하고 있지 않은 상황이지만, 지적보다는 좋은 것을 찾는 것에 애쓰는 만큼 아동 역시 하기 싫음에도 불구하고 한 문제라도 더 해보려는 의지를 가져볼 수 있습니다. 모든 아동은 자신이 힘들고 어렵다는 것을 공감받을 때 그래도 좀 더 힘을 내보려는 호혜적인 반응을 하기 때문입니다.

◉ 적절한 수준의 학습량/학습수준/학습방법 파악하여
비계설정하기

비계설정이란, 아동의 학습 수행에 있어 양육자가 아동에게 어느 정도 도움을 줄 것인지에 대한 기준을 정하는 것을 뜻합니다. 아동이 자신의 학습수준을 높이기 위해서는 성인의 도움을 받거나 스스로 학습수준을 높이기 위해 도전을 해야 합니다. 이를 위해서 먼저 수반되어야 하는 것은 현재 수준을 파악하는 것입니다. 양육자는 아동의 현재 학습수준을 파악한 뒤, 그보다 조금 더 높은 학습목표를 가지고 아동을 이끌어주어 학습능력을 향상시키는데 도움을 줄 수 있습니다.

아동의 학습능력에 적합한 학습량과 학습수준이 아니라면, 학습시간에 산만한 행동이 늘어납니다. 먼저 점검해 보아야 할 것은 아동이 시간 내 할 수 있는 양과 수준입니다. 자신의 학습수준을 직면하는 것이 어려워 학습에 관심이 없는 것처럼 방어하거나 틀리는 것이 싫어서 쉬운 것만 하려는 아동이 있습니다. 따라서 아동의 학습 스타일을 파악하는 것이 중요합니다. 학습 스타일에 따라 도움이 달라지기 때문입니다.

· 아동의 현재 수준 파악하기

아동의 현재 수준(학습량, 학습수준, 학습 스타일)을 파악합니다.

· 학습량 체크하기

학습 시간 내 통상적으로 완수한 학습량을 체크하고, 아동이 시간 내 할 수 있는 기본적인 학습량을 점검합니다. 그것이 아동이 현재 도움이 없이 할 수 있는 기준입니다.

· 시간 내 성취한 학습경험 쌓아주기

틀리고 실수하는 것이 두렵거나, 잘하지 못하는 것을 친구들이 알게 되는 것이 싫어서 하기 싫다고 하거나, 학습이 어려워 관심 없다고 하는 아동에게는 학습 수준을 낮춰서 시간 내에 잘 마치는 성취 경험을 쌓아주는 것이 필요합니다.

· 아동이 편안해하는 방법으로 지도하기

학습능력에는 문제가 없으나, 학습 후 틀린 것을 다시 풀어야 하거나 학습과정에서 쓰기, 읽기 등의 과정이 귀찮아서 하기 싫어하는 아동이라면, 아동이 편안해하는 방법으로 학습지도를 하는 것이 효과적입니다.

영어를 쓰기보다 말하기를 좋아하는 아동이라면 쓰기 말고, 말하기 교육으로 시작합니다.

수학을 서술형 문제보다는 암기와 연산을 좋아하는 아동이라면 서술형을 그림으로 그리거나 쉽게 이해할 수 있는 도식을 알려줍니다. 그리고 이해만 하면 풀기는 금방 할 수 있다는 것을 경험시켜 줍니다.

새로운 공부보다 틀린 것을 다시 하는 것에 지치는 아동이라면 틀린 것을 정확하게 고치게 하기보다는 틀린 부분을 알려주고, 새로운 문제를 추가해서 풀어보도록 합니다.

◉ 딴짓을 하기 전에 잠깐의 쉬는 시간 준 다음, 학습 안내하기

· 심부름으로 움직일 수 있는 명분 주기

아동이 가만히 있거나 집중하기 어려워 학습 시간이 힘들어질 때 핑계를 대고 움직이기 전에 양육자가 먼저 물을 가지고 오라는 심부름으로 명분을 주어 잠시 움직일 수 있는 기회를 주는 것입니다.

· 칭찬과 함께 해야 할 목표 상기시키기

양육자는 아동이 공부에 집중할 수 있는 시간을 미리 알아 두어야 합니다. 아동이 보통 5분 뒤에 산만해진다면, 5분이 되기 전에 아동에게 심부름이나 움직일 수 있는 기회를 줍니다. 그리고 나서, 아동에게 고맙다고 말하며 그다음 해야 할 일을 안내하는

것입니다.

"은정아, 지우개 좀 빌려줄래? 고맙다. 은정이도 15페이지까지 풀고 얘기해라."

이처럼 아동에게 소소한 심부름을 전달한 뒤 곧바로 해야 할 학습량이나 학습내용을 안내하여, 다시 학습 목표에 주의를 기울이도록 합니다.

◉ 학습해야 하는 것을 스스로 말하도록 하기

학령기 아동에게 학습은 자신이 스스로 책임지며, 자신의 능력을 위해 성실하고 근면하게 배우고 개발해야 하는 영역입니다. 그러므로 아동은 학습이 단순히 학습량을 지키는 약속에 해당하는 것이 아니라, 자신의 능력을 높이기 위해 꾸준히 공부해야 하는 것임을 깨달아야 합니다. 이를 통해 아동은 능력이라는 것이 꾸준함 속에서 자라는 것임을 배우게 됩니다. 그러므로 아동에게 공부를 반복적으로 시키고 양육자가 일방적으로 진도를 정하여 아동에게 공부하기를 기대하지 않아야 합니다.

• 말하여 책임지도록 하기

아동이 스스로 오늘 해야 할 학습량과 학습 수준을 정하여 도전하고 완수하는 것이 중요합니다. 예를 들어 수학문제집을 매일 푸는 것을 목표로 정한다고 할 때, 매일 어느 정도의 양을 할지 스스로 말하도록 하고, 오늘 문제 풀이가 어려워서 목표한 것만큼 하지 못하고 있을 때, 오늘은 몇 페이지까지 완료할지, 다음 학습 시간에는 얼마만큼을 풀지 결정하여 말하도록 합니다.

아동이 스스로 내뱉은 말에는 힘이 있습니다. 즉 양육자가 아닌 아동 스스로 말한 규칙과 목표에는 더 많은 책임감을 느낍니다.

◉ 소소한 잔꾀 부리는 행동에는 재치 있게 공감해주고, 해야 할 일 안내하기

학습에 주의를 기울이지 않고, 화장실 및 소소한 이유를 대며 잔꾀를 부린다는 것은 학습시간이 지겹거나 하기 힘들다는 감정을 드러내는 신호이기도 합니다. 모든 신호를 진지하게 공감해주면 오히려 책임을 회피하거나 응석을 부리게 되며, 반대로 모든 신호를 모르는 척 무시하면 아동은 진정하고 다시 집중하기가 어려울 것입니다. 또한 한 명이 잔꾀를 부리기 시작하면, 주변 아동들도 쉽게 화장실에 가겠다고 하거나, 떠들기 시작하거나, 비슷한 류의 행동으로 모

방하기 시작합니다.

- 잔꾀를 즉각 알아차렸다는 신호 주기

아동의 소소한 잔꾀 부리는 행동이 시작될 때 바로 개입하는 것이 중요합니다. 아동이 잔꾀를 부리면, 여유로운 표정과 재치 있는 말로 이미 알고 있음을 알려주면서 아동이 힘들다는 것도 알고 있다는 것을 전달하되, 해야 할 것을 안내하는 것이 중요합니다.

이러한 솔직함과 적당한 재치가 있는 공감은 아동의 부정적 행동에 문제행동이라는 꼬리표를 달아주지 않으면서도 공감과 동시에 부적절한 행동을 스스로 자각할 수 있게 해줍니다. 또한 양육자가 아동의 의도와 상태를 알고 있음을 전달하여 잔꾀 행동을 하지 않도록 도와줍니다.

- 명료하게 알아차리면서 공감하기

부적절한 행동을 명료하게 알아차리면서 공감하는 것이 중요합니다.

- 위트와 조롱은 다릅니다.

아동의 행동에 미소를 짓는 것은 자칫 아동을 조롱하거나 비웃는다고 생각할 수 있습니다. 이런 경우 미소가 아닌 태연하고 여유로운 표정으로 평범하게 말하는 태도가 중요합니다.

  · 솔직하게 말하고, 안내를 명료하게 전달할수록 효과적입니다.
"은정아, 어려운 게 나오니까 하기 싫어서 화장실 가지. 다녀와서
10페이지까지 풀어라."
"은정아, 가만히 앉아있으려니까 답답해서 물 먹지. 물 한 잔만 먹
고 바로 제자리로 와라."

  ◉ 주의가 산만한 아동의 학습자리는 아동의 시야에 물건이
  보이지 않는 자리로 배치
  답답한 공간을 싫어하고 앉아있기 힘들어하는 아동에게는 열린
시야의 자리로 배치

  주의력이 약한 아동이 한 가지 학습을 30분 이상 하는 것은 어려
운 일입니다. 특히 여러 명이 같이 학습을 하는 공간에서는 공간이
주는 영향력도 무시할 수 없습니다. 시각적인 기민성이 높아서 눈에
보이는 것이 많으면 쉽게 주의가 분산되기 때문에 아동의 시야에
여러 물건이 보이지 않는 것이 좋습니다. 즉, 벽이 보이는 자리나 서
랍장 등 단순한 가구들이 보이는 것이 좋습니다.

- 좋아하는 학습자리 정하기

또한 활동성이 높아 답답한 것을 싫어하는 아동이라면 구석진 자리는 답답해하므로 현관이나 문 쪽이 보이는 자리로 시야의 개방감을 주는 것이 환경적으로 도움이 됩니다.

◉ 귀인피드백으로 아동의 학습향상을 지각하도록 하기

귀인피드백이란, 앞선 행동에 의해 현재 주어진 결과를 아동이 알도록 양육자가 이전과 현재를 연결 지어 칭찬해주는 것입니다. 즉, 아동 스스로 자신의 노력이 현재 어떤 변화를 만들어내고 있는지를 인식한다면, 학습에 대한 긍정적인 동기를 높이고 능력이 향상되는 기쁨을 만끽할 수 있습니다.

- 자신의 변화를 확실하게 알도록 하기

- 구체적인 귀인피드백하기

귀인피드백을 해줄 때는 구체적으로 해주어야 스스로 변화를 확인하고, 인정할 수 있습니다.

"은정이가 매일 2장씩 연산문제집을 풀었기 때문에, 지금 두 자릿수 곱하기가 암산이 가능한 거야. 5월에는 암산으로 할 때 실수가 종종 있었지만, 지금은 거의 틀리지 않잖아. 잘하고 있어."

"은정이가 국어를 늘 싫어하지만, 꾸준히 학습지를 하니까, 읽는 속도가 빨라졌어. 지난번에는 한 페이지 읽고 푸는데 10분이 걸렸는데, 지금은 5분이면 가능하잖아."

• 긍정적 피드백 후 아동에게 질문하기

귀인피드백을 한 뒤 아동에게 "네 생각에도 그런 것 같니?"라고 물어봅니다.

이렇게 귀인피드백 후 질문하는 것은 스스로 자신의 변화를 인정하도록 질문해주는 것입니다. 아동은 자신의 능력에 대한 변화, 노력에 의한 성장을 인정하면서 현재의 고통과 하기 싫은 것에 대한 능동적 필요성을 수용할 수 있게 될 것입니다.

◉ "다 풀었다, 모른다"는 거짓말을 할 때는 솔직하게 타협하기

아동이 공부하는 과정에서 다 풀었다는 거짓말로 양육자를 속이거나, 아무 것이나 적어놓고 풀었다고 눈 가리고 아웅 하듯 속이는 것은 학령기 아동이라면 충분히 할 수 있는 꼼수일 수 있습니다. 양육자가 이를 알아차렸을 때 공개적으로 비판하거나 면박을 준다면 수치심을 경험하게 되며, 그 이후로 아동은 수치심을 직면하고 용서를 구하는 것이 감당하기 어려워 뻔뻔해지는 것을 선택하기도

합니다.

- 정직하게 표현해도 조율해줄 수 있다는 신뢰 주기

양육자가 먼저 하기 싫으면 다음에는 양을 줄여달라고 하거나, 어려우면 도움을 요청하라고 하여 양육자가 모든 것을 알고 있음을 전달하는 것이 아동이 거짓말을 하지 않도록 도울 수 있는 방법입니다.

2) 공부를 할 때마다 미뤄요.

사례 이야기 (초등 3학년 여자아이)

"공부 시간이 됐다고 오라고 하면 못 들은 척해요."
"공부를 항상 미루고 미루다가 늘 다하지 못하고 시간이 끝나요."
"어렵다고 울거나, 짜증을 내다가 결국 시간이 임박해지면 해요."

공부 시간만 되면 불러도 못 들은 척을 하거나, 괜히 책상 정리를 오래 하면서 시간을 끌어요. 학습이 시작되면 곧바로 하지 못하고 한참을 꾸물거리며 어렵다고 하거나, 풀어보지도 않고 도와달라고 해요. 결국 혼자 해보라고 하면 울거나, 짜증을 내다가 시간이 임박해지거나 해야 할 것은 다 하고 잘 거라고 하면, 그 때 집중해서 하기 시작해요.

이유

1. 하기 싫은 것을 미루는 지연행동이 습관이 되면 시작부터 미루기도 해요.
2. 학습에 대한 불안과 두려움이 있는 아동은 정서적인 기민성이 꾸물거림에 영향을 줘요.
3. 아동의 인지능력이 경계선 지적기능 IQ : 71~84 이라면, 복잡한 학습은 매우 어려워요.

Good point	New point	Group point
최종 목표 정하기	불안 다루기	학습 짝꿍 만들기

좋은 생활지도방법   새로운 생활지도방법   집단적용 생활지도방법

◉ 책임질 것과 결론, 정확하게 말해주기

지연행동은 해야 할 일을 불필요하게 미루는 것을 말합니다. 오늘 수학 두장을 풀어야 하거나, 오늘까지 학교 숙제를 마쳐야 하는 것

을 알고 있으면서도 미루려는 행동입니다. 학습에 대한 지연행동이 있는 아동은 주로 하기 싫은 것을 빨리 끝내고 하고 싶은 것을 해야겠다고 생각하지 못하고, 하고 싶은 것을 먼저 합니다. 또한 중요한 일을 먼저 해결하고, 그다음 덜 중요한 것을 하는 것이 아니라 거꾸로 딱히 중요하지 않은 것을 먼저 하는 습관이 있습니다. 즉, 하기 어려운 것, 중요한 것을 더 미루는 것입니다.

학습에서 지연행동이 습관적으로 나타나는 아동의 경우 끈기와 인내심이 약하거나, 노력하여 성취한 경험치가 적어 노력을 통한 성취보다는 쉬운 성취를 선호하는 경향이 있습니다. 또는 심리적으로 중요한 것을 잘 해보겠다는 완벽주의 경향에 스스로 압도되어 마음의 준비가 되면, 집중이 되기 시작하면, 몰입할 수 있는 시간이 되면, 환경이 준비되면 등의 핑계를 대면서 중요한 일을 미룹니다.

이런 경우, 계속 미룬다고 마쳐야 하는 숙제가 없어지지 않으니, 더 이상 미룰 수 없다는 것을 확실하게 이야기 해주는 것이 도움이 됩니다. 주의할 점은 학습을 이해하는 능력이 어려워 자신감이 없거나, 혼자 할 수 없어서 미루고 있는 경우에는 이렇게 최종 목표를 단호하게 고지할 때 불안이 높아져서 더욱 초조해할 수 있습니다.

- 해야 할 것 정확히 말해주기

해야 한다는 강요가 아닌, 해야 할 것(책임)과 결론을 말하는 것이 포인트입니다.

"오늘 학교 영어숙제 못 하면 못 자."(X) : "못하면, 못잔다"라는 부정 지시

"오늘 학교 영어숙제는 다 끝내야, 잘 거다."(O) : "다 하면, 잘거다"라는 긍정 지시

- 책임에 대한 이유 설명하기

책임에 대한 이유를 설명하여 왜 그렇게 해야 하는지를 말합니다.

"학습지는 양을 조절해줄 수 있지만, 학교 영어숙제는 꼭 해가야 하는 거야."

- 자연적 결과 알려주기

결론을 말한 뒤, 지연행동을 멈추었을 때의 상황을 가정하여, 그 상황에서 생기는 유익한 결과를 알려줍니다.

"영어숙제를 빨리 끝내면, 자기 전에 자율시간이 생기는 거고, 늦으면 바로 자는 거야."

◉ 학습 도움을 청할 때는 응해주고, 도움 요청의 의도 파악하기

　지연행동을 보이는 아동의 경우 단순한 미루기일 수도 있고, 불안감으로 인해 미루는 것일 수도 있기 때문에 문제 풀이를 도와달라고 하거나, 모르는 것이 있다고 질문하면 도움 요청의 의도를 잘 파악해야 합니다.

- 빨리 끝내고 싶어하면 낮은 난이도 학습제안하기
- 이해를 어려워하면 대신 풀이과정 보여 주기

　빨리 끝내고 싶거나 하기 싫어서 질문한다면, 한 가지를 설명한 뒤 비슷한 난이도의 문제는 스스로 하도록 지시합니다. 그러나 실제 불안함으로 집중하지 못하거나, 이해를 어려워한다면 미루는 것 대신 질문하고 도움을 요청한 것에 잘했다고 칭찬해주어야 합니다.

새로운 생활지도방법

◉ 불안요소 파악하기

　학업성취도가 높은 아동이지만, 학습과정에서 실수와 실패경험

이 있을 때 정서적으로 기민한 아동의 경우 학습을 시작하기 전 불안이 높을 수 있습니다. 과연 내가 잘할 수 있을까, 다른 아이들보다 늦게 끝내지는 않을까, 잘못하면 어떡하지 등의 걱정이 많기 때문입니다. 또한 학습은 성실하게 하는 편이지만, 또래 간의 사회적 기술이 부족한 아동의 경우에도 또래들과 비교될 수 있고, 함께 학습하는 과정에서 학습을 시작하기도 전에 위축되거나, 일어나지 않은 일을 염려하기도 합니다.

특히 학습에 욕심이 많은 아동이라면 아무도 비교하지 않아도 혼자서 또래들과 자신을 비교해 우열을 가리거나, 스스로 학습에 재능이 없다고 생각하기도 합니다. 초등학교 3학년은 발달특성상 능력과 재능이 서로 다름을 인지하는 시기입니다. 그러나 완전하게 이해하지 못하여 불안이 생기는 것입니다.

그래서 사회적 인정을 받고 싶어하는 욕구가 많은 아동이 자신의 능력을 부정적으로 지각하거나, 제대로 인지하고 있지 못할 때, 더욱 학습에 대한 불안이 높아집니다. 이를 예방하고 해결하기 위해서 양육자는 아동이 능력과 재능을 구별하여 인지하고 있는지, 자신의 능력이 향상됨을 느꼈던 경험이 있는지, 다양한 학습경험이 부족한 것은 아닌지를 파악해야 합니다.

- 능력과 재능 구별해서 설명하기

능력과 재능을 구별할 수 있도록 설명해주고, 자신의 능력을 인지하도록 합니다.

재능: 아동이 어떤 일을 하는데 필요한 능력으로, 타고난 재주와 훈련에 의해 획득된 능력을 모두 아우르는 능력입니다.

어떤 아동이 수에 빠른 재주가 있어 암산과 연산을 잘하는데, 문제를 많이 풀어보면 더 빠른 문제풀이 능력을 가질 수 있습니다.

어떤 아동은 타고난 그림 그리기 재주가 있어, 선과 색채에 감각적 탁월함이 있고, 그림을 배우면서 더 숙달된 능력을 가질 수 있습니다.

능력: 아동이 어떤 것을 감당해 낼 수 있는 힘을 말합니다. 어떤 아동은 수에 대한 타고난 빠른 이해와 해결능력은 약하지만, 학습을 꾸준히 하면서 충분히 빠른 암산과 연산능력을 가질 수 있는 능력을 갖고 있는 것을 뜻합니다.

어떤 아동은 타고난 그림그리기 감각적 재주는 약하지만, 지속적으로 그림을 그리면서 능력이 향상되고 숙달되면서 그림을 잘 그리게 되는 것을 뜻합니다.

- 실제로 일어난 일을 통해 능력을 확인시켜주기

실제로 아동이 경험한 능력향상에 대한 에피소드를 기억하여 양육자와 나눕니다.

· 새로운 배움 지원하기

아동이 제한적으로 학교 과목에서만 학습능력을 경험했다면, 다양한 외부 경험과 어떤 지식을 배우고 익히는 다양한 학습과정을 통해 새로운 배움에 도전하도록 지원해줍니다.

· 개인적 피드백하기

학습의 평가를 상대적으로 하지 않고 아동 개인의 성장에 초점을 맞추어 피드백 해줍니다.

· 막연한 지지보다 구체적인 도움 주기

불안한 아동에게는 막연한 지지보다는 빠르고 구체적인 도움을 주어, 성공경험으로 안정감을 줍니다.

◉ 회피가 아닌, 진짜 욕구 알아주기

아동이 학습을 지연한다면, 회피에 대해 집중하여 대화하는 것이 아니라, 아동이 진짜 원하는 욕구에 초점을 맞추어 대화합니다. 그 이유는 지연하는 이유에 치중할수록 왜 지연할 수 밖에 없는지에 대한 핑계와 자기합리화가 강해지기 때문입니다. 오히려 감춰진 진짜 욕구인 공부를 잘하고 싶은 마음, 친구보다 빨리 해내고 싶은 마음, 인정받고 싶은 마음을 알아차려주고, 그 마음을 표현하여 원하는 것을 쟁취하는 긍정적 용기를 갖도록 도와줍니다.

◉ 숙제에 새 이름 붙여주기

아동 중에는 숙제, 혹은 하기 힘든 과목만 떠올려도 하기 싫은 마음이나, 어렵다는 중압감을 느끼는 경우가 있습니다. 이런 경우 숙제를 긍정적으로 지각할 수 있도록 양육자와 대화를 통해 새 이름을 지어주는 것이 도움이 됩니다. 예를 들어, 내가 공부를 잘하도록 투자하는 투자시간, 스스로 노력하는 것을 배우는 노력시간, 꿈을 위해 열심히 하는 꿈숙제 등으로 아동 나름의 이름을 정하여 숙제와 해야 할 공부에 대한 자신만의 의미를 만드는 것입니다.

집단적용 생활지도방법

◉ 학습 파트너 만들기

또래와 비교되는 것이 불안하고 두려운 아동에게는 같이 공부할 때, 서로 다른 과목을 공부하게 하여 비교되는 상황으로부터 보호해주는 것이 필요합니다. 반대로 경쟁이 학습에 긍정적 시너지 효과를 내는 아동들끼리는 서로 같은 과목을 공부하도록 하여 서로에게 선의의 경쟁과 자극이 되도록 해주는 것이 도움이 됩니다.

◉ 울음을 '열심'으로 해석해주어 비난으로부터 보호하기

학습과정에서 아동이 울거나 징징거리는 행동이 잦으면, 또래들은 아동을 비난하거나 무시하기가 쉽습니다. 그러므로 양육자는 아동이 울음을 보일 때, 아동을 다독이면서 하기 싫어서가 아니라 어려워서 우는 것은 더 잘하고 싶은 마음일 거라고 강조해주며, 잘하고 싶은 마음은 좋은 것이라고 지지해줍니다.

◉ 아동의 인지능력이 경계선 지적기능이라면, 학습을 모방할 수 있는 또래 만들기

경계선 지적기능 아동은 복잡한 문제해결은 어렵지만, 모방을 통해 학습내용을 배울 수 있으므로, 학습을 모방할 수 있는 파트너를 만들어주는 것이 필요합니다.

04
약속 시간

1) 정리정돈(개인 사물함, 책상, 방 정리 등)할 때마다 꾸물거려요.

사례 이야기 (초등 6학년 여자아이)

"옷장과 책상이 깨끗한 상태가 유지되지 않아요."
"개인 사물함을 정리하라고 하면, 가만히 있다가 대충 쑤셔 넣어놔요."
"책상과 옷이 엉망이다 보니, 정리할 때마다 정리할 게 많아서 오래 걸려요."

매일 매일 정리하면 되는 것을 항상 대충 물건을 쑤셔 넣듯 정리하다보니, 정리할 때마다 오래 걸려요. 책상은 늘 말해도 공책이 널부러진 채로 있고, 옷은 항상 아무렇게나 넣어놔서 정리하려고 하면, 결국 다 꺼내서 다시 개켜놔야 하니 오래 걸릴 수 밖에 없어요. 이 아이에게는 칸칸이 나눠진 속옷 정리함을 사주고 정리방법을 보여주기도 하고, 언니들이 따로 도와주기도 하는데, 그런데도 늘 정리가 안 되네요.

이유

1. 정리정돈을 잘하는 아동도 있지만, 타고난 기질이 정리정돈이 어려운 아동도 있어요.
2. 물건을 분류하고, 순서대로 생각을 처리하는 것이 어려운 아동은 정리정돈이 어려워요.
3. 자조기술이 능숙하지 않으면 정리정돈 과정이 오래 걸리고 힘들어요.

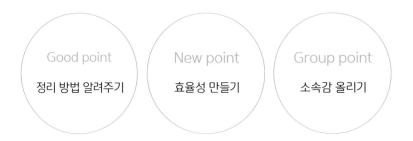

Good point	New point	Group point
정리 방법 알려주기	효율성 만들기	소속감 올리기

좋은 생활지도방법

◉ 정리정돈의 방법 알려주기

아동이 물건을 정리하지 못하고, 같은 분류의 물건들끼리 모아서 정돈하는 것을 어려워한다면 단순히 귀찮아하는 것일 수도 있지만 정리정돈을 위한 문제해결능력이 미숙할 수 있다는 것도 생각해볼 필요가 있습니다.

정리를 하려면, 무엇을 어디에 버리고 무엇을 챙길지 등의 선택과 결정을 하고, 어떤 순서대로 일을 처리할지 계획을 세워야 합니다. 또한 정돈을 하려면 비슷한 물건, 같이 있어야 하는 물건들을 묶어서 분류하는 복잡한 사고과정도 필요합니다. 그래서 물건 정리, 개인 물품 정돈을 해야 할 때 막연해하는 아동이 있습니다.

이와 같은 경우 아동에게 물건 정리를 손쉽고, 명확하게 할 수 있는 도구를 사주고, 방법을 알려주는 것은 아주 좋은 방법입니다.
칸칸이 나누어져 있는 속옷 정리함, 공책과 문제집을 넣을 수 있는 파일 정리함, 라벨로 구분되어 있는 책상 서랍, 옷을 종류별로 나누어 넣을 수 있는 칸막이 등이 있을 때 시각적으로 정리정돈을 쉽게 인식할 수 있습니다.

• 정리와 정돈 구분하기
정리와 정돈을 구분하여 가르쳐주는 것이 필요합니다.

• 정리 : 순서대로 무엇을 할지 정하여 움직이도록 지도합니다.
주의력이 낮은 아동의 경우 정리를 할 때, 무슨 일부터 할지, 그다음에는 무엇을 할지 순서대로 계획을 세워서 하기보다는, 책상 위지우개 가루를 정리하면서 쓰레기통에 버리러 갔다가 다시 책상으로 돌아오지 않고 거실에 앉아있거나, 책상으로 돌아오더라도 원래 하려고 했던 공책 정리를 하는 것이 아니라, 갑자기 가방 정리를 하고 있는 등으로 잠깐의 이동과 자극에 머릿속 계획이 뒤죽박죽 되는 경우가 있습니다.

그래서 주의력이 낮은 아동에게 정리를 지도할 때는 3~5가지 정도 해야 할 순서를 정하여 그 순서를 기억하도록 하는 것이 좋습니다.
아동이 정리를 할 때 어떤 것을 순서대로 정리할지 스스로 정한 후 간단하게 말하도록 하여 자신이 말하면서 기억이 보다 분명하게 유지되도록 합니다.

- 정돈 : 많은 물건을 효율적으로 정돈하는 방법을 보여주며 가르쳐줍니다.

정돈은 물건에 대한 사고의 조직화 능력이 필요합니다. 펼쳐져 있는 물건들을 보면서, 무엇을 어떻게 묶어 정돈해야 될지 구조화하는 능력이 필요합니다. 주의력이 낮거나 복잡한 것을 생각하는 사고력이 빈약하거나 생각하기를 귀찮아하는 아동이라면, 대강 정리하면서 옷을 쑤셔놓고 물건을 엉뚱한 자리에 정리하는 일이 일쑤일 것입니다.

따라서 정돈을 지도할 때, 물건 정돈의 효과적인 방법을 알려주어 일을 처리하는 방법을 배우도록 합니다. 주변 또래와 다른 사람들의 정리를 보고 배울 수 있는 모방능력이 있다면 금세 배우겠지만, 주의를 기울이지 않으면 멍하니 보거나, 모방하려는 의지가 없기 때문에 개별적인 지도가 필요할 수 있습니다.

◉ 양을 줄이기

정리정돈을 빨리, 효율적으로 하기 어려운 아동에게 개인 물품이 많다면 정리정돈을 알아서 잘하는 것이 어렵습니다. 옷이 너무 많다면 선택하는 과정에서 어질러지는 경우가 잦을 것이고, 작은 개인 소품들이 많다면 그것은 늘 책상에 너저분하게 나와 있을 것입니다.

아동의 개인 물품을 양육자가 마음대로 버리거나, 치우라고 강요할 수는 없습니다. 늘 집단에 속해있는 아동양육시설 아동에게는 내 사람, 내 물건은 매우 중요한 가치입니다. 그래서 개인적인 후원, 특별한 인연이나 추억이 담긴 물건에 더욱 애착을 가지고 있습니다. 따라서 아동의 물건의 양을 줄이기 위해서는 아동과 반드시 상의를 해야 합니다.

- 정리할 양을 줄이기
- 옷 정리가 어렵다면, 옷의 양을 줄입니다.
- 책상 정리가 안된다면, 노트 및 책상 위에 놓인 소품 등 문구류를 줄입니다.
- 개인 사물함 정리가 어렵다면, 개인 사물함 안에서 불필요한 물건을 골라내도록 의논합니다.

◉ 덜 귀찮은 효율적인 정돈 방법 알려주기

옷을 늘 쑤셔넣는다면, 옷을 개켜서 넣는 것보다 옷걸이에 걸도록 합니다. 옷장 서랍이 잘 어질러진다면, 자주 입는 옷과 잘 꺼내입지 않는 옷의 위치를 아동과 함께 정합니다. 그리고 양육자가 어떻게 정리해야 효율적으로 정리할 수 있는지를 가르쳐주며 보여주세요. 정리정돈이 귀찮은 아동에게는 꼼꼼한 것이 지도의 포인트가 아니라 최대한 쉽게 정리할 수 있는 덜 귀찮은 방법으로 지도하는 것이 중요합니다.

작은 소품들은 작은 바구니에 모두 넣도록 하여 아무데나 놓지 말고 바구니 안에만 넣도록 지도하는 것이 좋습니다. 작은 사탕 봉지 및 소소한 쓰레기를 개인 사물함에 넣는다면, 개인 사물함 앞에

놓을 작은 휴지통을 주거나, 개인 사물함 안에 들어갈 작은 휴지통을 줍니다. 귀찮아하는 아동에게는 최대한 덜 움직이고, 덜 어렵고, 덜 꼼꼼해도 정리할 수 있는 환경을 만들어줄 때 정리정돈이 마냥 귀찮다라는 인식에서 벗어나 정리를 해보려는 자발성이 생깁니다.

◉ 또래와 집단에 대한 소속감 높여주기

정리정돈과 소속감이 무슨 상관이 있을까 싶지만, 관계지향성이 약한 아동은 모두가 같이 참여해야 하는 청소, 정리정돈 등의 과업에서 책임감이 낮습니다. 같이 생활하는 아동들과의 소속감이 약한 아동들은 내 건데 무슨 상관이냐는 생각으로 개인적 경향성을 내비칩니다. 어쩌면 이런 아동은 이기적인 것이 아니라, 소속되지 못한 것에 대한 불편감의 표현, 소속되려고 노력해보고 싶지만 무리에 끼워주지 않을 것 같은 거절감에서 비롯된 통명스러움일 수 있습니다.

따라서 정리정돈과 대청소 등에 소홀한 아동이 있다면, 또래관계의 소속감이 얼마나 끈끈한지, 주변 아이들은 이 아동을 챙기고 찾는지, 이 아동의 또래서열이나 가치감은 어떤지 관찰해야 합니다. 관계는 공동체의 중심입니다. 특히 초등 고학년이라면 더욱 관계공동체가 튼튼하고 확실해야 집단을 견디고 살아갈 수 있는 우정과 가족애를 만들 수 있습니다.

 특히 정서적 민감성이 높은 아동이 보이지 않은 차별, 무시, 아무도 나에게 진정성 있는 관심이 없다는 것을 느끼고 있다면, 집단 내 소외감은 아동에게 매우 힘들 것입니다. 아동이 또래와 집단에서 소속감이 약하다면, 소속감이 필요한 아동이라고 봐주는 시선이 절실합니다.

· 개인 정리는 도움을 주어 빨리 마치고, 집단에 기여할 수 있는
  기회 주기

 소속감이 낮은 아동의 소지품과 개인 물품 정리는 도와주어 빨리 끝내도록 하고, 아동이 집단을 위한 청소와 정리정돈에 기여할 수 있는 기회를 줍니다. 즉, 개인 사물함과 옷 정리는 양육자가 빨리 마치도록 도와준 뒤, 거실 물걸레질을 도와달라고 하거나, 동생들이 쓰레기를 버릴 때 봉투를 들고 다가가 쉽게 버릴 수 있도록 하여 양육자가 아동에게 집단을 위해 봉사하고 기여할 수 있는 환경을 제공해줍니다.

- 불만타임 소회의 열기

집단에서는 왜 이 아동만 도와주냐는 불만과 투정은 당연히 나타날 수 있습니다. 집단에서는 한 명의 행동이 나에게 어떤 피해를 주는지에 대해 자유롭게 얘기할 수 있어야 하지만, 이를 통제할 규칙과 시스템이 없으면 불평불만을 듣고 반응을 해주는 데 양육자의 에너지가 너무 소진될 것입니다.

그래서 정리정돈을 도와주는 순서를 양육자가 정해놓거나, '청소 후 5분 타임'을 만들어 불만을 얘기할 수 있게 합니다. 불만을 아무렇게나 얘기하는 것이 아니라, 얘기할 수 있는 정식 기회와 자리를 마련할 때, 불평과 의견을 말하는 태도를 배울 수 있습니다.

2) 시간 약속(개인 활동 마무리, 개인 준비 마무리 등)을 지키지 않아요.

사례 이야기 (초등 5학년 남자아이)

"항상 외출하거나, 이동 시 나갈 때마다 가장 늦게 나와요."

"매번 한 번만 더 해달라고 하거나, 시간에 맞춰서 딱 끝내지를 못해요."

"이동을 해야 하는데, 갑자기 가기 싫다거나, 하고 싶지 않다고 하면서 꾸물거려요."

이 아이는 외출이나 이동을 해야 할 때마다 가장 마지막으로 나오는 아동이에요. 나갈 일이 있으며 언제 나간다고 미리 시간을 알려줘도 항상 꾸물거리다가 늦게 나오고, 좋아하는 미술이나 피아노를 칠 때는 하고 싶은 만큼 다하고 나오느라 거의 약속한 시간을 지키지 않아요.

이유

1. 하기 싫은 것은 어떻게든 하고 싶지 않아서, 꾸물거림으로 시간 끌기를 할 수 있어요.

2. 하고 싶은 것을 원하는 만큼 못하고 있다는 결핍감이 있을 수 있어요.

3. 늦게 나가도 별다른 일이 일어나지 않는다는 것을 알고 있어요.

Good point
미리 시간 알려주기

New point
자기조절의 핵심:
힘의 사용

Group point
소그룹 활동과 회의

◉ 미리 알려주기

꾸물거림을 보이는 아동은 지금 이 활동이 끝나면 그다음 무엇을 해야 할지에 대한 인식을 하지 않고 현재만 생각하는 경향이 있습니다. 특히 원하는 것을 계속하려는 지속성이 높은 아동이라면 자신만의 호불호가 명확하기 때문에 꾸물거림으로 하기 싫은 것은 웬만하면 미루려고 할 것입니다. 또는 주의력이 낮은 아동의 경우 해야 할 일이 불편하다면 그것에 초점을 맞추지 않으면서 더욱 상황을 전환하기 어려워합니다.

활동의 전환이 힘든 아동, 그다음 활동을 미리 생각하고 준비하지 않는 아동, 하기 싫다고 막연히 미루고 있는 아동에게 가장 중요한 것은 미리 시간과 활동을 안내하여 전이가 일어날 준비를 하는 것입니다. 미리 알려주는 안내는 막 정리를 다 마친 타이밍에 그다음 일을 알려주는 것이 아닙니다. 회사에서 오전에 브리핑을 하듯이 일정을 시작하기 전에 한 번에 앞으로 있을 상황의 흐름을 알리는 것입니다. 미리 알려주는 것은 최고의 전이 전략입니다.

미리 알려주는 안내는 무엇을 해야 한다는 지시가 되지 않도록 말의 연습이 필요합니다. 안내는 상황의 흐름을 알려주어 사회인지를 돕는 과정이며, 상황에 따른 자발적 인지와 선택, 반응을 연습시키는 전략입니다. 특히 안내를 긍정적으로 반응하기 보다는 지시와 명령으로 인식해 듣기 싫어하는 아동이라면 더욱 안내하는 언어지도방법은 중요합니다. 한 가지 일을 마쳤는데 다음 할 일을 바로 명령하듯 하면, 계속 통제받는다는 느낌을 줍니다.

특히 저학년인 1~2학년 아동의 경우 아직 해야 할 일을 기억하지 못한다면 기억하도록 도와줄 필요가 있습니다. 그러나 고학년의 경우 할 일을 알고 있지만 적당히 꾸물거림으로 상황을 지켜보고 있는 것이라면, 더욱 일을 시작하기 전에 안내하여 통제가 아닌, 가이드를 해주는 느낌으로 전달해야 합니다.

・ 다음 할 일을 연결해서 현재 할 일 지시하기
"정리 끝나면, 바로 밥 먹을 거니까, 나가지 마." (X)
(정리정돈을 시작하기 전에)"정리를 모두 마치면, 5시에 저녁 먹으러 식당으로 갈 거야."(O)

"목욕 다하고 나면 숙제 꺼내서 와라."(X)
(목욕을 하기 전에)"목욕 다하고 나오면, 7시 30분부터 수학문제집 풀 거야."(O)

- 왜 긴급한지 상황을 설명하고, 부탁하기

안내를 했음에도 꾸물거릴 때 곧바로 경고하는 것은 좋지 않습니다. 결국 경고가 신호로 학습되어 앞으로 경고가 최종 반응이라고 기억되기 때문입니다. 안내 후 꾸물거림에는 왜 이 행동을 지금 해야 하는지 상황의 맥락과 흐름을 설명하고, 존중하고 싶은 마음, 스스로 하는 것을 가르쳐주고 싶은 마음이 있음을 알리는 것이 좋습니다. 왜 해야 하는지에 대한 논리적인 설명은 결국 통제로 느끼게 할 수 있어 먼저 양육자의 좋은 의도를 전달하는 것입니다.

"지금 출발하지 않으면, 동생들이 식사가 늦어져서, 우리가 30분까지 식사를 마칠 수가 없어. 그러면 그다음 내(양육자)가 동생들 세수와 양치 지도를 하는 것이 너무 촉박해져. 나와 줄래?"

"내(양육자)가 너한테 명령하지 않고 상황을 설명하려고 하는 건, 시켜서 하면 네가 기분 나빠질까봐 나도 노력하는 거야. 이제 나오자."

◉ 힘을 좋은 방법으로 사용하도록 하기

하기 싫은 것을 정말 하기 싫어하는 아동이 있습니다. 사실 일반 가정이라면 꼭 같이 나가지 않아도 되는 일, 꼭 참여하지 않아도 되는 활동들이 아동양육시설에서는 꽤 있습니다. 그래서 연령이 높아질수록 아동은 이러한 집단규칙과 동참해야 하는 의무에 대한 저항감이 높아집니다.

꾸물거림으로 저항하는 자신의 의견을 말로 표현하도록 할 때, 대부분 아동은 극단적으로 그냥 싫다, 하지 않겠다 등으로 표현합니다. 양육자는 공동 규칙 때문에 이를 수용할 수 없으니 애초에 물어보지 않는 것이기도 합니다. 이러한 아동의 반응을 통제불능이거나, 막무가내라고 생각하지 말고 주관적인 자신의 생각과 의견을 가지고 살아가는 주체적 힘이 있는 것이라고 생각해야 합니다. 이러한 존중은 양육자의 친절하나 존중이 있는 어투와 태도를 지닌 대화로 나타납니다.

양육자가 먼저 아이의 의견과 주장을 대변해줄 수 있는 권위를 보여줄 필요도 있습니다. 이러한 양육자의 책임지는 행동을 통해 아동과 양육자는 한팀이 될 수 있습니다. 보여주기식으로 아무것이나 동의를 해주며 편을 들어주는 것은 부적절하며, 아동의 주관적인 욕구와 상태를 고려해야 하는 상황이라고 판단되었거나, 필수 참석하지 않아도 되는 것이라면 여러 대안을 찾아보는 것이 중요합니다. 그리고 꾸물거림 말고 표현할 수 있는 다양한 타협적 대화가 어떤 것이 있는지를 알려줍니다.

- 고집이 아니라, 주장할 수 있는 것이라고 인정하기

"이 수업을 모두 듣지 않아도 되는지, 수업을 참여하고 싶지 않다면 동에 혼자 있어도 되는지 알아보고, 저녁에 얘기해줄게. 오늘은 참여하자."

"나가서 편안한 곳에 앉아있어도 돼. 앞으로는 꾸물거리지 말고, 나가서 앉아있어도 돼요? 라고 물어보자."

집단적용 생활지도방법

◉ 소집단으로 움직이도록 하여, 꾸물거림이 집단에 방해되지 않도록 하기

이동해야 할 때나 해야 할 것을 마쳤을 때마다 꾸물거리면 전체 집단에 영향을 주어, 양육자가 전체를 구조화하여 이끌 때마다 에너지가 소진됩니다. 양육자의 에너지 소진은 다시 아동과의 상호작용에

서 부드럽지 않거나 감정이 섞인 언쟁을 불러일으키기도 합니다.

집단에서 계속 꾸물거려도 별다른 일이 일어나지 않는다는 사실이 반복되면, 아동은 하기 싫음을 더욱 무례하거나 무시하는 태도로 보입니다. 힘을 잘못 사용하는 것이지요. 이를 엄격하게 야단치거나 벌 주게되면 아동의 힘의 잘못된 사용을 더 강화하는 노릇이 됩니다. 양육자와의 갈등이 생긴다는 것은 합당하게 불만과 짜증을 표현할 수 있는 기회를 주는 것이기 때문입니다.

그러므로 아동들의 속도에 맞게 소그룹을 구성하여, 소그룹 안에서 자신의 속도에 좀 더 맞춰서 움직일 수 있도록 합니다. 그리고 소그룹으로 움직이면서 아동의 꾸물거림이 비난을 받지 않도록 보호합니다.

◉ 소집단회의로 무례하지 않게 자신의 의견을 표현할 장 만들어주기

하기 싫어서 꾸물거리는 아동은 내면의 힘이 있는 아동입니다. 그래서 단순히 엄격한 질서와 규칙으로 통제하는 것은 내면의 힘을 분노로 키우게 됩니다. 그래서 소집단회의를 만들어 무례하지 않은 방법으로 자신의 의견을 얘기할 기회를 줍니다. 의견을 내보는 회의는 말하는 태도, 듣는 태도, 갈등을 해결하고 자신의 책임을 받아들이는 방법을 존중의 장에서 배우도록 하는 좋은 방법입니다.

- 회의는 일정이 정해져 있는 것이 좋습니다.

- 회의 구성원은 소집단(2~4명)으로 구성하여 의견갈등을 줄이고, 협력적 문제해결이 원활하게 되도록 의도적인 팀을 만들어 줍니다. 문제해결 의논과정은 연습하는 만큼 터득합니다.

- 회의 안건을 신청하거나 표현하는 방법은 미리 정해져 있어야 합니다.
  - 안건은 포스트잇에 쓰고, 발언 기회가 주어졌을 때 발표하는 방식으로 진행합니다.
  - 토킹스틱을 든 아동만 말하고, 다른 아동이 말하는 동안은 끝까지 침묵하고 듣습니다.

05
일반적 꾸물거림

1) 관계가 좋으면 많은 부분이 해결

아동과 긍정적인 관계를 만들면, 많은 문제를 줄일 수 있습니다.

관계란, 아동과 같은 마음과 관심을 공유하는 것으로부터 시작합니다. 그래서 양육자는 아동들 각자가 좋아하는 것, 관심있는 것, 싫어하는 것을 중요하게 생각해주어야 합니다. 또한 각 아동의 마음을 여는 열쇠가 무엇인지 알고 있어야 합니다.

- 아동과 같이 운동하기, 놀이 참여하기, 활동을 같이 즐기기
- 아동이 좋아하는 연예인, 관심사에 대한 정보 공유하고 나누기
- 아동에게 중요한 포인트 친절한 말, 온유한 표정, 빠른 허락 등 로 관계맺기

아동과 관계를 맺기 위해서는 끈기가 필요합니다.

양육자들이 바뀌면서 여러 양육자를 경험한 아동들이 많습니다. 때문에 아동이 양육자를 신뢰하기 위해서는 진정성과 끝까지 함께 하겠다는 진심이 필요합니다. 긴 시간 아동양육시설을 경험한 아동은 양육자의 마음과 의도를 꿰뚫어 볼 수 있는 직관력이 있습니다.

따라서 적당히 관심을 주고 친한 척 다가가는 것은 아동에게 오히려 불편함을 줄 수 있습니다. 아동이 거절하거나, 마음을 열지 못하거나, 늘 갈등으로 부딪치더라도 아동이 듣고 싶어 하는 진심은 그래도 나는 너를 놓치지 않고 너와 좋은 관계를 맺을 거라는, 내가 너의 안전기지가 되어 줄 거라는 말일 것입니다.

2) 여지없는 단호함과 아이다운 즐거움의 조화가 관계의 핵심

다수의 아동을 집단으로 양육할 때의 질서는 더 명확해야 합니다.

질서란, 꼭 해야 하는 규칙과 타협 가능한 규율에 매우 선명한 기준선이 있는 것입니다. 이 기준선이 명확해야 아동들 스스로 양육자의 기준을 알아차리고 적절한 태도를 취합니다. 그런데 질서를 안정적으로 만들기 위해 양육자가 너무 경직되어 있거나, 꼼꼼하기만 하기만 하다면, 아동은 양육자를 사회에서 학교에서 학원에서 늘 만나는 또 한 명의 어른, 선생님, 관리자로 느낄 것입니다.

그래서 양육자는 단호할 때는 여지없이, 그러나 함께 어울릴 때는 느슨한 태도로 관계를 맺어 아동이 양육자의 공간으로 들어오고 나갈 수 있는 편안함을 가지는 것이 필요합니다.

3) 정서적 유대감을 위한 세심한 알아차림과 중요한 기억해줌

세심한 관계기술 가지기

정서적 기민성이 높고 세심한 기질을 가진 아동이거나, 관계와 소속의 욕구가 높은 아동일수록 자신을 드러내지 않아도 양육자가 나에게 애정과 관심을 가지고 있는 지를 보이지 않게 시험합니다. 즉, 사랑을 확인하는 귀여운 시험일 수 있습니다. 관계지향적이며 정서에 기민한 아동은 양육자의 잠깐의 손길 하나, 짧은 눈맞춤 한 번, 서로 교감한 미소 한 번에 사랑의 욕구를 충족합니다. 그래서 정서를 중요하게 생각하는 아동일수록 아동의 행동을 미리 알아차려 너를 보고 있다는 관심을 증명해주고, 아프거나 마음이 상했을 때, 요구하기 전에 미리 다가가 마음을 알아차려주는 세심한 관계기술이 필요합니다.

- 표정을 보면서 컨디션을 알아차려주기
- 아동이 한 말을 기억하여, 지난 번에 이것 필요하다고 했다며 챙겨 주기
- 패션 스타일과 같은 작은 변화, 언어표현에 담긴 감정변화 등을 알 아차려주기

4) 1:1의 시간 가지기

1:1의 시간 가지기

아동양육시설은 단순히 양육을 넘어 타인이 서로 모여 가족을 이루는 집단입니다. 가족은 훈육도 하지만, 같이 추억을 만듭니다. 그래서 일상지도도 필요하지만, 아동과 즐거운 추억을 쌓는 즐거움을 공유하는 시간도 필요합니다. 잠깐이지만 같이 수퍼마켓에 가고, 재활용 쓰레기를 버리며 잠깐 장난도 치고, 같이 특별한 시간을 보내기 위해 주말에 유아들의 낮잠 시간을 이용하여 거실에서 함께 고른 영화도 보는 등의 소소한 일상적인 추억이 필요합니다.

많은 양육자는 그러면 또 다른 아이들의 시샘과 요구가 생길 것을 걱정합니다. 그러나 이는 모든 가정에도 형제자매가 있는 집이라면 끝

나지 않는 싸움입니다. 누가 엄마 옆에서 자는지부터 시작해서 누가 먼저 간식을 받았고 늦게 받았는지까지 별 것 아닌 주제로 늘 애정에 대한 전투가 생깁니다. 집단 양육상황에서는 이러한 일들이 더 많을 것입니다. 양육자뿐만 아니라 봉사자부터 후원자까지 다양한 경우에서 애정과 관심을 받기 때문에 차별과 소외를 느끼는 경우가 많아지는 것은 당연할 수 있습니다.

그래서 더 많은 양육자가 있는 것입니다. 그리고 갈등과정에서 그 문제를 끝까지 애정을 가지고 함께 해결하려는 양육자의 마음, 아동의 마음을 놓치지 않으려는 관심이 결국 관계의 신뢰를 만들고, 이제 더 이상 나에게 관심을 주지 않더라도 우리에게 이미 연결된 관계의 끈이 있음을 믿고 잠잠해지는 것입니다. 그 과정이 양육입니다.

06
꾸물거리는 행동 지도 시
주의할 점

1) 보상은 신중하게 적용하기

많은 양육자들은 아동이 꾸물거리지 않고, 제시간 안에 수행할 때 TV를 보는 시간과 게임을 하는 시간으로 보상을 주는 경우가 많았습니다. 학령기 아동에게 TV와 게임은 정말 매력적인 보상입니다. 그래서 더욱 TV와 게임 등의 보상은 매우 신중해야 합니다.

반응대가 이해하기

보상은 반응의 대가입니다. 그래서 문제행동과 반드시 논리적 연결성이 있어야 합니다. 즉, TV를 약속한 시간에 켰을 때 다음 날 TV를 10분 더 볼 수 있는 것은 논리적 연결성이 있는 보상입니다. 그러나 청소를 깔끔하게 잘했다고 TV를 10분 더 보게 해주는 것은 논리적 연결성이 없습니다. 당장 아동은 보상에 기분이 좋겠지만 청소를 꼼꼼하게 하지 않아 TV를 10분 더 보는 보상을 줄 수 없다고 하면, 아동은 청소와 TV가 아무 상관이 없다는 것을 압니다.

그래서 아동은 결국 규칙을 양육자가 마음대로 한다고 생각하며 보상에 대한 반발심이 발생합니다.

자연적 결과 이해하기

TV 보는 시간을 7시에서 8시로 정해둔 경우, 아동이 청소를 일찍 끝내면 한 시간을 넉넉히 TV를 볼 수 있지만, 청소를 늦게 끝내면 자연스럽게 TV를 볼 수 있는 시간이 줄어드는 것을 알려주는 것이 자연적 결과훈육입니다. 이것은 보상이라기 보다는 자신의 행동에 따라서 어떤 것을 누리게 되는지 알도록 설명하고, 자연적 결과를 경험함으로써 배우게 하는 방법입니다.

간헐적 보상

갑작스럽게 예측하지 못했는데 보상을 주는 것이 간헐적 보상입니다. 보상은 꾸준히 줄 때보다 예측하지 못했을 때 받게 되는 보상에서 가장 효과적으로 동기가 자극됩니다. 그러므로 아동에게 간헐적 보상을 주는 것은 좋으나, 이번만이라는 것을 분명하게 전달하고, 왜 보상을 주는 것인지에 대한 이유를 명확히 해야 합니다. 청소라면 청소를 잘해서라고 뭉뚱그려서 말하는 것보다는 네가 내(양육자)가 말한 시간에 딱 맞춰서 청소를 끝낸 점, 청소를 하면서 불평하는 말을 하지 않은 점, 다시 손댈 것 없이 깔끔하게 한 점을 보상해 주는 것이라고 말하는 것이 좋습니다.

2) 결과의 기능 알아보기

아동들에게 왜 꾸물거리는지 물어보았을 때, 대부분은 귀찮고 하기 싫어서이며, 또한 꾸물거리면서 얻어지는 것이 있었습니다. 이것이 바로 행동에 유익이 있기 때문에 그 행동을 하게 된다는 기능입니다.

- 계속 문제를 안 풀고 있으면, 안 할 수 있어요. 결국 잘 때가 되면 자요.
- 천천히 나가면, 그래도 나가기 싫은데 조금이라도 집에 있을 수 있잖아요. 천천히 나가면, 애들이랑 붙어있기 싫은데, 따로 뒤에 갈 수 있어서 편해요.
- 청소를 대충하면, 매일 검사하는 건 아니니까, 오늘은 놀 수 있잖아요.

양육자가 알아야 할 것은 꼭 매일 완벽하게 검사해야 할 것이 아니라면, 엄격한 규칙으로 가르치기보다는 열린 대화로 소통하며 의논해 주는 과정이 필요하다는 것입니다. 아동이 꾸물거리는 행동으로 얻는 것에 대해 소통하여, 아동이 원하는 것을 꾸물거림이 아닌 다른 방법으로 해결하도록 같이 동맹을 맺고 의논해주는 것이지요.

만약, 타협해줄 수 있는 것이 아니라면, 항상 일관적인 지시와 한계 설정을 통해 명확하게 행동해야 합니다. 하지만 이 규칙과 규율의 기준은 연령에 적합한 기준이어야 하며, 아동이 왜 이것이 타협될 수 없는 규칙인지 이해하는 과정이 필요합니다.

07
집단활동에서의 꾸물거림 대처하기

아이들과 행사나 내부/외부활동, 여행이나 레크리에이션에 갈 경우 전체를 통솔하기란 쉽지 않습니다. 의욕적인 양육자라 하더라도 아이들 하나하나가 훈련되어 있지 않을 경우 애를 먹게 마련입니다. 예를 들어 2:00에 출발하기로 하고, 5분 걸어서 대로변에 나가서 대형버스를 타고 이동해야 하는 경우를 생각해 봅시다. 먼저 1:40분부터 마당에 나와서 기대감에 들뜬 어린아이들이 있습니다. 대부분은 5-10분 전에는 나오지만, 방에서 꾸물거리는 아이들이 있습니다. 그동안 마당은 쏟아져 나오는 아이들로 한가득입니다.

놀이에 집중하는 나머지 차량 사이를 위험하게 오가는 아이들도 있습니다. 여행 가방도 있어야 하고(개인 소지품), 베이비시트나 휴대용 유모차도 필요하며(유아용품), 아이스박스나 음료수, 스낵 등(단체 물품)도 준비되어야 합니다. 아이와 인솔자와 물품들이 나오는데, 아직 방에서 양말도, 겉옷도 안 입고 느적느적하는 아이들이 있습니다.

출발 시간이 되었는데도 아직 안 나오면, 선생님들이 다시 방으로 들어가 재촉하기도 하지만, 조급한 아이들 한두명이 대열에 있지 않고 "제가 불러 올게요" 하고서는 다시 방으로 쪼르르 들어가 버립니다. 방에 있던 아이는 나왔는데, 정작 부르러 들어갔던 아이가 다른 것에 정신이 팔려 또 거기 주저앉아 놀고 있습니다. 마당에선 기다리던 아이들 일부가 통제에 따르지 않고 놀이를 하다가 서로 다툼을 하거나 합니다.

이쯤되면 인솔자도 화가 폭발합니다. 아직 안 오는 아이들을 기다린데다가, 부르러 간다고 하고서는 속히 복귀하지 않는 아이를 향해 그만 꾸지람과 화가 쏟아집니다. 이렇게 되면 출발하기 전부터 벌써 분위기가 바뀝니다. 화낸 인솔자와 꾸지람을 들은 아이만 힘든게 아니라, 전체가 벌써 기분이 썩 편치 않습니다. 출발하기 전에 벌써 기분 잡치는 거지요. 한 두번 그러고 마는게 아니라, 이런 일은 반복되게 마련입니다.

또 행사나 모임에 단체로 참가하다보니, 꼭 안 가려는 아이들이 있습니다. 자기는 가서 놀 것도 없고, 재미도 없으니 안가겠다는 거지요. 행사가 내부행사면 그래도 융통성이 있지만, 외부행사의 경우에는, 인원을 미리 맞춰서 보고까지 해놓았기 때문에, 기관으로서는 인원결원이 생기는 것을 극도로 피하려 합니다. 그래서 때로 무리하게 아이를 참여시키려 하는데, 이런 일이 또 사기를 떨어뜨립니다. 억지로 가게 된 아이는 결국 나들이 내내 부정적인 기운을 퍼뜨리게 됩니다. 인솔자라고 이런 상황이 기쁘고 즐거울 리 없습니다.

이런 일이 반복되면, 아이들은 아이들대로 고역이고, 인솔자는 행사라면 벌써 머리부터 아파옵니다. 기피하고 싶지만 그러면서도 참가하고 인솔해야되니, 고역이 따로 없습니다. 철없는 유치부 아이들은 마냥 좋아하지만 형들과 언니들이 골이 나 있으니 나중엔 무턱대고 좋아하기도 어렵습니다.

자, 어떻게 해야 할까요?
세 가지 제안하고 싶은 방법이 있습니다.

방법 1
안 가고 싶은 아이들을 헤아려주는 것입니다.

단순한 투정일 경우는, 몇 번 권해보고 당근을 제시하면, 대개는 따라오게 마련입니다. 몇 번의 권유에도 고집을 꺾지 않는 경우는 분명한 이유가 있게 마련이고, 그렇다면 강요하지 않는 것이 좋습니다. 이유야 나중에 차분히 들어볼 수 있으니까요. "그냥 안 가고 싶어요"하면서 주저앉는 경우도 있구요. 막무가내인거지요. 이런 경우는 논리적으로 설득해서 풀려고 하면 실패합니다. 아무리 이유 같지 않아보여도, 아무리 말도 안되는 까닭을 들먹여도, 아이는 나름대로 이유가 있습니다.

저희 같은 경우는, 정말로 안 가고 싶어하면, 단체행사에 빠져도 된다고 합니다. 대신 그동안 시간을 잘 보낼 명분이 있어야 합니다. 없으면 명분을 줍니다. 공부를 한다거나, 외출하여 꼭 만나고 싶은 친구들과 시간을 보내도록 한다거나, 나중에 동생을 씻기고 학습을 도와준다든지 하는 것입니다. 보호를 위해 필요한 경우, 한 두명의 양육자가 남아야 하는 경우도 감수합니다. 필요하면 상담도 합니다만, 찬찬히 마음을 열도록 기다려줍니다.

방법 2
시간과 약속을 엄수하는 것입니다.

행사에 대한 기대감으로 들뜬 아이들, 시간을 잘 지킨 아이들이 시간을 지키지 않는 아이 때문에 반복하여 손해를 입는 것은 부당한 일입니다. 그렇게 되면, '시간약속을 지키는 건 바보같은 일이야'라는 생각을 심어주게 됩니다. 결국은 시간을 잘 지키던 아이가 나중에 시간을 밥 먹듯이 어기는 아이가 됩니다. 그렇게 할 이유가 없는 것이죠.

저희는 약속했던 시간이 되면 그대로 시행합니다. 준비가 되었든지 안되었든지 출발해야 하는 시간까지 마당에 안 나오면 출발해버립니다. 시간약속을 안 지키면, 야단을 치거나 화를 내지 않고, "아, 너는 가고 싶지 않는구나"라고 간주하고, 가고 싶어하는 아이들을 인솔해서 떠나버립니다. 냉정하게 보일 수 있습니다만, 약속을 안 지킨 아이에게 상을 줄 수는 없습니다.

안 가고 싶은 아이는, 원하는 대로 안 갔으니 꾸중을 안 들어도 되니 좋고, 가고 싶은 아이는 꾸지람이나 소리지르는 일없이 평온하게 차를 타고 가서 마음껏 놀다오니 좋고, 인솔자는 가기 싫은 아이를 억지로 데리고 가느라 기진맥진하지 않아도 되니 좋습니다.

저녁 공연을 보러 가는 날이었습니다. 예약한 티켓을 미리 찾아서 공연 전에 미리 입장해야 해서 저녁을 미리 먹고 5시 30분에 집에서 출발하기로 했는데, 학교에서 곧바로 돌아와야 할 한 아이가 오지 않았고 나머지 아이들은 모두 차에 타고 있었습니다. 핸드폰이 없으니 연락할 방법도 없었고, 늦는다는 연락도 받지 못한 상태였습니다. 약속한 시간이 되어도 아이가 나타나지 않아, 3분정도 기다리다가 그냥 출발하였습니다. 나중에 들어보니, 아이가 시간을 착각하여 귀가하는 길에 놀고 오다가 늦었다고 하더군요. 그 얘기를 들었을 때, "그러냐?"고

대응하였습니다. 꾸지람도 소리지르는 일도 없었고 그걸로 끝이었습니다.

접하기 힘든 귀한 공연을 놓친 건 본인이 손해본 것이니 다른 이들에게 피해가 가지 않았고, 그걸로 된 것입니다. 때때로 일일이 꾸짖기보다 본인이 당해보도록 하는 편이 더 낫습니다. 실수를 통해 배우는 것이죠.

방법 3
즐거움과 기쁨이 있는 행사 & 양육자와의 신뢰 만들기

외부행사나 이벤트에 아이들이 참가함으로서 얻는 즐거움이나 기쁨이 크다면, 아이들이 마다할 이유가 별로 없습니다. 전시성이거나 실효성 없는 외출이나 행사를 줄이고, 어떻게 하든 아이들이 '오기를 잘 했다'라고 스스로 느낄 수 있도록 분위기를 만들고 시행착오를 줄이고, 소리지르는 것이나 꾸지람을 덜 하고, 원하는 대로 놀거나 훈훈한 분위기를 만들어 가면, 그에 비례해서 아이들의 자발성은 커집니다.

반발심이나 오기를 부려서 안 가고자 한 경우, 다녀온 다른 아이들이 모두 재밌었다며 연신 후일담을 털어놓는다면, 호기심이 생겨서라도 다음번에는 참가하려고 할 것입니다. 중요성이나 가치 때문에라도 어떤 행사나 나들이 기회를 만들 수 있지만, 즐거운 기억들을 많이 쌓고 양육자의 말에 신뢰가 쌓이면 좀 더 어려운 모임이나 재미가 적은 모임이라도 기꺼이 아이들은 따라줄 마음이 있습니다. 중요한 것은, 아이들의 작은 신뢰와 기대를 깨뜨리지 말아야 하고, 간혹 어쩔 수 없이 계획을 취소하거나 변경하는 경우라도 사정을 설명하고, 아이들이 자발적으로 협조하도록 분위기를 이끌어가야 합니다.

양육자와의 사이에, '적어도 선생님들이 이 정도로 권한다면'이라는 신뢰가 쌓인다면, 아이들은 결정하기가 좀 더 쉽습니다. 기껏 아이들을 모아서 외출하거나 나들이를 했는데, 예상만큼 행사가 신통치 않거나 실망스러웠다고 해봅시다. 이 후 설명이나 사과나 어떤 것이든 아무 것도 안한 채로 끝낸다면, 아이들은 뭔가 손해봤다고 여기겠지요. 그리고 그 실망스러움을 다음번의 불순종이나 반항이나 오기로 표현할 것입니다. 그것을 으름장이나 꾸짖음으로 막으려는 것은 악순환으로 가는 지름길입니다.

그 덫을 피하려면 어른도 성실함과 존중을 보여주어야 합니다. 그리고 나들이나 외출이 실제로 도움이 되는 즐겁고 유쾌한 경험이 되도록 해야 합니다. 질서나 규칙은 아이들의 유익을 위해 최소한의 테두리여야 하지, 아무 곳에나 휘두르는 도깨비방망이가 아닙니다. 평소에 아이들과 친분을 쌓아야합니다. 약속을 지키려고 애쓰고, 사정을 설명하고, 놀이와 나들이를 재밌고 즐겁게 만들고, 꾸지람과 개입을 최소화하고 소리 지르지 않고 차근차근 아이들을 다루어 버릇하면, 거기에 익숙해지면, 아이들이 거친 행동을 안하게 됩니다. 거칠게 반응하지 않아도 민감하게 필요를 잡아내고 응답하는 양육자에게 왜 거칠게 반응하겠습니까?

　제 경험으로는 적어도 4~5년 정도 걸린 것 같고, 이제 이런 훈련에 익숙해진 아이들과 양육자들은 시간약속을 정확하게 지킵니다. 출발을 9시반으로 약속하면 9시반에 출발할 수 있고, 아무리 지체할 상황이 일어나도 대개는 10분내에 해결되며, 15분을 넘기지 않습니다. 행사나 나들이의 내용이나 스케줄도 미리 양육자들을 통해 전달하고, 필요하다면 시간표나 일정도 미리 알려줍니다. 어린 동생들이 천방지축이어도 큰 아이들이 훈련이 되어있으니, 선생님들이 일일히 챙기지 않아도, 미리미리 아이들이 시간을 정확하게 지킵니다. 실제로 이런 훈련이 지속되고 4년 정도 지난 다음, 양육시설 전체가 제주도로 단체여행을 간 적이 있었는데, 어린 유아로부터 큰 청소년들까지 선생님들의 지도에 잘 응해줘서, 여행하는 내내 소리지르거나 얼굴 붉히는 일 거의 없이 즐겁고 유쾌하게 다녀왔던 기억이 있습니다. 오히려 갑작스레 비가 쏟아지는 위급한 상황에서도 큰 아이들이 작은 아이들을 도우면서, 화기애애하게 여행을 잘 다녀왔던 기억으로 남아있습니다.

질서가 잡히고, 다들 저마다 챙겨야 할 것들을 스스로 챙기는 훈련이 되면, 굳이 입이 닳도록 야단치지 않아도 '우리 집에서는 이 정도는 당연히 하는거야'라는 문화가 형성되어, 새로 오게된 아이들도 따라서 배우게 됩니다. 그리고 그 아이가 나중에 또 다른 아이들을 이끌어줍니다. 선순환의 흐름이 생기는 것입니다. 시간이 걸리더라도 일관성있게 해봅시다. 존중은 존중을 낳고, 행동은 행동의 변화를 낳습니다.

4장

집단 문제예방 프로그램

일어날 만한 일이나 이미 여러 번 일어나서 아동-양육자(생활지도원)가 해결책을 찾고자 하는 상황들에 대한 예방 활동을 소개합니다. 아동의 행동 목적과 욕구를 파악하고 대처하는 것과 동시에 집단 안의 부정적 역동을 방지하고, 시간이 걸리더라도 아동들에게 바른 선택을 할 수 있도록 지속적인 문제예방 활동과 훈육이 필요합니다. 본 프로그램은 문제예방활동에 초점을 맞추어 일상에서 쉽게 해볼 수 있는 것들을 소개하고 아동과 양육자 모두 win-win 하는 것에 목적을 둡니다.

본 프로그램은 아들러 심리학과 해결중심치료에 기반을 둔 격려하기, 화목활동(특별한 시간 가지기), (가족/학급)회의를 통해 집단 안에서 지속적으로 발생하는 문제를 예방-해결하는 데 도움을 줄 수 있습니다.

* 목표 설정에 중요한 원칙

1. 아동-양육자 모두에게 중요한 것을 목표로 합니다.
2. 작은 것을 목표로 합니다. 목표는 쉽게 성취할 수 있는 작고 간단한 행동이어야 합니다.
3. 구체적이며 명확하고 측정 가능한 행동을 목표로 합니다. "행동"이라는 것이 중요합니다.

4. 목표를 문제행동의 소거에 두기보다는 원하는 긍정적인 행동의 시작에 둡니다. 문제의 제거나 소멸이 아닌 성공의 긍정적 지표로 기술합니다. "문제 행동 대신에 어떤 좋은 행동을 할지" 생각하고 말하는 것이 좋습니다.

5. 지금-여기에서 시작하는 것을 목표로 합니다. 목표를 최종 결과가 아닌 처음의 시작이나 신호에 둡니다.

6. 현실 생활에서 성취 가능한 것을 목표로 합니다.

7. 목표 수행/달성은 힘들고 어려운 일이라고 인정하고 시작합니다.

어떤 상황이나 활동을 앞두고, 양육자는 아동과 미리 '앞으로 우리 안에 일어날 수 있는 일이 무엇이 있을까?', '비슷한 상황에서 종종 일어나서 우리를 힘들게 했던 일이라 이번에도 일어날 수 있을만한 일이 있나?' 잠시 생각하고 대화를 나눌 수 있습니다. "우리 …에 대해 함께 생각해보자", "종종 있었던 …에 대해 이번엔 미리 회의를 해보자"라고 말하는 겁니다.

이때 양육자는 친절하고 밝은 어조와 아동을 존중하는 태도를 취하기를 권합니다. 명령조로 대화를 권하는 사람은 없으니까요. 때로는 예상하지 못했던 상황이 발생할 수 있습니다. 그럴 때조차도 '너는 바르게 생각하고 잘 판단할 수 있다. 적절한 행동을 할 만한 능력을 가진 존재란다'라는 것을 양육자가 믿고 있고 그래서 지지하고 대화하고 예방하기를 원하고, 다음에는 다르게 행동해서 좋은 결과가 있을 것이라

믿고 기대한다고 말해주는 것이 좋습니다.

아동과 대화 중에 "그러니까 우리가 …하는 것에 같은 마음 인거지?", "그 생각 좋다", "너의 그 의견이 마음에 든다", "나는 네가(너희가) 즐겁고 안전하게 지내기를 바란다"와 같은 표현을 사용하면 좋습니다.

양육자와 아동이 함께 할 수 있는 8개 프로그램을 소개합니다. 연령에 따라, 속한 그룹(방)마다 인솔자와 함께 할 수 있습니다. 매일 하실 수도 있고, 필요에 따라 선택해서 실행하시는 것도 좋습니다. (15-20분 내외)

01
격려

　격려는 칭찬과 다릅니다. 칭찬은 잘하거나 성공했을 때 주어지는 것입니다. 그러나 격려는 조건 없이 모두에게 주어집니다. 꾸물거림을 포함한 문제행동들로 부정적 피드백 지적 꾸짖음 을 지속적으로 경험한 아동에게 격려를 통해 용기를 북돋아 준다면, 아동은 다르게 행동할 수 있습니다.

	내 용	비 고
들어가며	문제행동이 아니라 아동의 존재 자체를 귀하게 여기고, 평소에 받은 격려가 자존감을 높여 용기를 가지고 바른 행동에까지 이어지도록 안내하는 것이 목적입니다.	1-2분
격 려	양육자가 먼저 모델로 보여줍니다. 처음에는 쑥스러워서 웃고 미적거릴 수 있습니다. 그 모습까지도 자연스럽게 수용하고 즐겁게 웃습니다.	10분
정 리	4-5글자로 소감을 말해봅니다. 예) 웃기고좋아(5글자), 웃다가끝나(5글자), 너무좋아(4글자)	3-4분

02
문제행동 이유 찾기

문제행동의 목적/욕구 4가지 소속감, 힘, 보호, 물러서기 를 살펴봅니다. 한 번에 다 설명하고 숙지하려 하지 말고 하루에 한 가지 욕구로 나누어도 되고, 짧게 매일 이 프로그램을 하는 것도 좋습니다. 아동의 행동을 이해하기 위해 어떤 원인으로 그런 부적절한 행동을 했는지 알아내려고 과거를 파헤치는 것은 변화무쌍한 양육 현장에서 도움이 되지 않는 경우가 많습니다. 아동의 행동에 영향을 미치는 요소와 그를 둘러싼 환경과의 관계 등을 모두 찾아서 살펴보는 것은 현실적으로 불가능하기 때문입니다. 그리고 중요한 것은 아동은 자신의 목적과 욕구에 따라 행동을 선택할 수 있다는 점입니다. 아동의 행동 이해를 위해 "행동 목적, 목표는 무엇인가?", "이 행동을 통해 무엇을 얻고자 하는가?"를 생각할 필요가 있습니다. 소속감, 힘, 보호, 물러서기, 이 네 가지 굵직한 목적/욕구에 따라 아동의 행동이 좌우될 수 있습니다.

양육자가 먼저 아동의 행동 목적을 아는 것도 중요하고, 학령기 아동의 경우 본인의 부정적 행동의 이유를 스스로 알아서 예방하고 다음에는 더 나은 선택을 할 수 있도록 아래와 같은 활동을 해보시기를 권합니다.

- 아동 행동의 네 가지 목적

부정적인 행동	아동의 행동 목적과 문제행동	아동의 부정적 행동에 대한 양육자의 감정
부당한 관심 끌기 징징거리기, 했던 말을 반복하거나 자꾸 양육자를 부르는 등의 언행	접촉/소속감 인간의 기본적인 욕구. 신체적이든 감정적이든 타인과 접촉하고 그곳에 속한 사람이라는 존재감을 가지고 싶은 욕구로, 적절한 기여와 부탁하기를 선택하지 못하고 주변 사람들 신경을 거슬리게 하고 짜증나게 하는 것은 문제행동임	짜증 난다
반항 "됐어요" "안해" (때로는 거친 말) 발을 쿵쿵 구르거나 문을 쾅 닫는 행동을 동반하기도 함	힘 자신의 환경에 영향력을 끼치고 주도권을 가지고 싶어하는 욕구. 자신의 일을 독립적으로 해나가는 긍정적 방식 대신 화를 내거나 거칠게 반항해서 힘을 보여주려는 것은 문제행동임	화가 난다
앙갚음 상처주는 말과 행동하기/복수	보호 신체적·생리적 공격으로부터 자신을 보호하려는 욕구. 건강하게 주장하지 못하고 주변인을 속상하게 해서 복수하려는 것은 문제행동임	속상하다
과도한 회피 "못해요. 안해요" "00이가 해주면 안 돼요?," "난 안 해 봤는데…," "몰라요" 혹은 기 꺾인 표정 및 무반응으로 일관	물러서기 쉬고 싶은 욕구, 그러나 적절한 휴식 이후 다시 활동을 해야 함에도 불구하고 과도하게 회피하고 자신의 일을 하지 못하거나 하지 않으려고 하는 기가 꺾인 상태는 문제행동에 해당됨	무기력하다

• 문제행동 이유를 찾아보기

	내 용	비 고
들어가며	아동에게 4가지 목적/욕구를 설명합니다. 본인이 그동안 해온 문제행동이 어디에 해당되는지 스스로 생각해 볼 수 있게 안내합니다.	5분
문제행동 이유 찾기	아동이 편안하게 자신이 꾸물거리게 되는 이유를 4가지 중 해당되는 것이 있는지 스스로 생각해보도록 기다려줍니다. 주변에서 함께 생각해봐도 좋습니다.	10분
소감 나누기	문제행동의 목적/욕구를 알게 된 아동들이 본인의 마음을 노래로 표현해보거나 노래 제목을 이야기합니다. 예) 선우정아 "도망가자"	5분

03
함께 분명한 한계를 설정하기

	내 용	비 고
들어가며	감정은 수용 받을 수 있으나, 그릇된 행동은 수정할 필요가 있음을 설명합니다. 존재는 귀하게, 행동은 바르게!	5분
한 계 설 정	꾸물거림(다른 문제행동들도 가능)과 그에 따른 집단 안의 역동 중 수용될 수 없는 것에 대한 한계를 정하고 다른 대안에 대해 말해봅니다. 예) 동생/친구가 꾸물거려서 불편할 때 크게 소리를 지르는 아동, 꾸물거리는 친구를 따라서 자신의 태도도 바꾸는 아동→ 친구가 식사/기상/준비가 늦을 때 어떻게 하면 OO이는 화내지 않고 기다리면서, 친구를 도울 수 있을까?," "친구를 기다려주고 지적하지 않는 것은 정말 좋다. 그러나 그 행동을 같이 하는 것은 안 돼."	10분
정 리	함께 한계를 설정한 것을 복기하고 정중하게 의사표현을 한 아동들을 칭찬합니다.	5분

04
연습하기

아동은 자신의 일을 스스로 선택하고 잘 해낼 때 자신감이 생기고 자존감이 높아집니다. 자존감이 높은 아동은 보다 용기 있는 행동, 바람직한 행동을 선택할 수 있습니다. 그동안 해왔던 부정적인 접근방식 대신 보다 긍정적인 행동을 선택하고 자꾸 해보는 시간을 가지도록 지도해 주십시오. 아동의 강점에 집중해서 이 활동을 해보시길 권합니다.

	내 용	비 고
들어가며	아동의 문제행동보다 강점에 초점을 맞추는 과정입니다. (BANK 기법) B(baby step) 익혀야 할 바람직한 행동을 작은 단계로 나눕니다 A(acknowledge) 아동이 현재 잘하는 부분은 인정합니다. 1–10을 기준으로 놓고 볼 때 양육자가 기대하는 수준이 8이라 여기에 아동의 행동들이 미치지는 못했지만 5에서 6으로 한 단계 나아졌다면, 한 단계 좋아진 것을 반드시 칭찬합니다. 양육자의 기준인 8을 말할 필요는 없습니다. N(nudge) 멈추지 않고 다음 단계로 갈 수 있도록 조금씩 힘을 주는 것입니다. 지나치게 비현실적인 욕심을 내거나 금방 좋아지길 바라며 압박하지 않아야 합니다. 아주 조금씩 나아질 것임을 믿고 시작합니다. K(keep encouraging) 아동이 긍정적인 선택과 변화의 행동을 보일 때마다 "와, 대단하다," "잘하고 있어"와 같은 감탄의 반응을 해주며 계속 앞으로 나아가도록 격려합니다. 아동들과 작은 행동/주제를 선택해 매일, 매주 해보시길 추천합니다.	3분

연 습	꾸물거림 이슈 가운데 (식사, 공부, 기상, 목욕, 약속 지키기) 하나를 선택해서 집단원들이 자신이 있는 지점을 숫자로 이야기 합니다.(1-10) 꾸물거리는 아동과 그 아동의 행동으로 집단을 어렵게 하는 아동이 중심이 되면 좋겠습니다. 아동이 다음 단계 (6이라면 7, 4라면 다음인 5)로 나가기 위한 바른(좋은) 행동 하나를 선택하도록 합니다. 이때 그 행동은 바로 실천이 가능한 것이어야 합니다. 아동이 선택한 행동이 바로 실천에 옮기기 어려운 것, 현실감각이 부족한 것이라면 보다 구체적, 세부적으로 좁혀나가도록 함께 돕습니다. 물론 아동이 단번에 양육자가 만족할 만한 행동을 선택하기 어려울 수 있습니다. 연습하고 다음번에 다시 실행해도 또 같은 그릇된 행동을 반복할 수 있습니다. 그러나 이때 결과보다 과정에 초점을 맞추고 이렇게 배우고 자라는 것임을 양육자-아동 모두가 아는 것 또한 중요한 과정입니다.	15분
정 리	양육자-아동 모두 자신의 기분, 느낌을 나타내는 감정 단어를 선택해봅니다.	2분

05
실수회복하기 3R

Recognize (인정하기: 실수 깨닫기)

Reconcile (사과하기: 미안하다고 말하며 사과하기)

Resolve (해결하기: 관련된 사람들과 함께 해결하기)

	내 용	비 고
들어가며	사람은 누구나 실수할 수 있으나 건강한 공동체 생활과 자신의 성장을 위해 그 실수를 잘 회복하는 것이 중요함을 가르쳐줍니다. "실수했을 때 비난이나 벌이 반드시 따라온다면 우리 중에 실수를 인정하고 사과할 수 있는 사람이 있을까요?" "우리가 함께 생활하며 실수했을 때, 우리를 도와주고 해결책을 함께 찾아갈 사람이 있다는 걸 안다면 우리는 그 실수를 인정하고 책임질 수 있을까요?"와 같은 질문으로 시작하면 좋습니다. 실수를 인정하고 진정성 있게 사과한 뒤 해결해나가면 비난이나 벌을 받지 않는 것을 경험하는 과정입니다. 한두 번 해본 뒤에는 "전에 해본 인정-사과-해결책을 의논했던 방법 생각나니? 우리 그걸로 이 일을 해결해보자"라고 운을 뗄 수 있습니다. 큰 문제가 발생하지 않았더라도 그날 하루 서로 마음 상한 것이 있다면 다음번에 같은 문제가 일어나는 것을 예방하기 위해 해보면 더 좋습니다.	5분

	첫 시작은 양육자가 모델을 보여주거나 설명해주시면 좋습니다.	
실　수 회복하기	예시) 인정하기 "어제 아침에 마음이 급해서 순간 너희가 빨리 식사하고 정리하지 못한다고 짜증이 났어. 짜증 내며 말하는 것보다 마음이 급했다고 너희에게 말했더라면 좋았을 텐데 말이야." 사과하기 "그건 좋은 방법이 아니었어. 미안해." 해결하기 "OO 상황에서 내가 짜증스럽게 말하게 되는데 이걸 잘 해결할 수 있는 방법이 뭐가 있을까? OO 상황에서 나는 마음이 급해져서 자꾸 그렇게 말하게 된다. 근데 나 혼자서는 해결하기가 어려워". 양육자/교사의 예시에 아동들이 어떤 느낌이었는지 묻고 그 답을 들어봅니다. 처음은 그 정도로도 괜찮습니다.	10분
소감 나누기	솔직하게 인정-사과-해결책 찾기를 연습했을 때 어떤 마음이 들었는지 나누어봅니다.	5분

06
회의하기

자기 전, 혹은 하교 후 간식 시간, 쉬는 시간을 이용하여 10-15분 20
분을 넘기지 않도록 정도 꾸물거림을 비롯한 다양한 문제들을 안건으로 올
려 속한 집단에서 회의하는 것을 말합니다. 가정의 가족회의, 학교에
서의 학급회의와 같습니다. 매일 그날의 주제나 평소 불편했으나 잘 고
쳐지지 않는 것들, 그리고 집단 안에서 정하고 싶은 규율 등을 이야기
하면 좋겠지만 어렵다면 주 2-3회라도 꼭 해보시면 좋겠습니다.

이때 주의하실 점은, 아동이나 양육자가 서로 비난하거나 수치심을
주는 발언을 하지 않아야 합니다. 아동들 안에 비난의 말이 오가거나
언성이 높아진다면 양육자는 다음과 같이 제지할 수 있습니다. "지금
우리가 서로를 도와주는 건가요?", "이 회의를 하는 건 서로 돕기 위
한 것인지 상처를 주려는 것인지 다시 생각해봅시다."

회의를 위해서 다음의 규칙들을 기억해주세요.

- 원으로 둘러앉기
- 서로 감사하고 칭찬하기
- 안건을 이야기하기
- 존중하는 언어 사용 욕설 금지, 고성 불가 하기
- 서로가 다르다는 것을 인정하기
  꾸물거리는 아동이 있을 수 있다. 밥을 늦게 먹을 수 있다.
  옷을 입는 속도가 느릴 수 있다. 반응이 느린 사람도 있다. 등등
- 브레인스토밍 한 사람이 말할 때 끊고 말하지 않는다. 누구나 말할 자격이 있다.
- 소속감/힘/보호/물러서기 목적과 욕구를 이해하고 회의 중 사용하기
- 문제보다 해결책에 집중하기
- 필요하다면 이때 역할극 해보기

예) 양육자나 다른 아동이 꾸물거리는 아동 역할을 맡습니다. 안건에 올린 문제행동이나 상황을 역할극으로 표현한 후 "내가 00이 (꾸물거리는 문제행동을 하는 아이) 입장이 되어 보니 공부할 때 빠르게 정리하고 바로 집중하는 게 어렵더라. … 부분은 좀 도움이 필요할 것 같아. 그러면 조금 더 잘 될 거야"라고 설명합니다. 꾸물거려서 자주 지적을 받던 아동이 양육자나 다른 아동의 역할을 하며 자신을 기다리느라 답답하거나 재촉하는 교사의 심정이 어떤지 경험해보고 말해보는 것도 좋습니다.

07
칭찬샤워

매우 짧고 효과적인 관계증진 활동입니다. 아동과 아동, 아동과 양육자의 관계가 좋을 때 문제 상황에서의 훈육이 바로 효과를 발휘할 수 있습니다. 아동과 함께하는 문제예방활동들은 대부분 관계를 끈끈하게 하는 것이 가장 큰 목적입니다. 칭찬샤워는 단순하고 짧은 시간에 이루어지는 쉽게 할 수 있는 특별활동입니다. 방법은 매우 단순합니다.

	내 용	비 고
들어가며	처음 실행하는 날에만 프로그램 설명을 해줍니다. "우리는 서로를 칭찬할 거야. 모두 돌아가며 하는 거고, 한 사람도 빠짐 없이 하자. 우리는 모두 칭찬 받고 칭찬할 만한 사람이야. 자, 봐. 먼저 보여줄게." 이후에는 공동체의 분위기를 살펴 누구든 제안할 수 있습니다. 하다보면 시간은 점점 짧아 집니다. 예) "우리 칭찬 샤워 한 번 하고 자자" "오늘 힘든 일 있는 사람, 가운데로 와! 칭찬 샤워 한 번 받고 기운 내!"	5분

칭찬으로 샤워하기	모두가 돌아가며 칭찬합니다. 아동이 아동을, 양육자가 아동을 칭찬하고 아동도 양육자를 칭찬합니다. 특별히 힘든 일이 있거나 위로가 필요한 사람은 자원해서 원 가운데로 들어가 모두에게 두 배의 칭찬을 받아도 좋습니다. 동성끼리는 샤워 마무리에 서로 안아주는 것도 무방합니다.	10분
정 리	좋아하는 노래가 있다면 부르면서 정리합니다. 잠자리 전에 했다면 "샤워를 마쳤으니 어서 자자"라고 외치고 잠자리로 갑니다.	5분

08
격려표 & 긍정적 나 전달법

격려표와 나 전달법은 집단프로그램은 아니지만, 양육자가 아이들과 함께 해 볼 수 있는 방법입니다.

1) 격려표

매일 아동이 보여준 긍정적인 행동을 찾아내서 격려하면 어떨까요? 사실 아동의 그런 언행은 대단한 것이 아닙니다. 평소 가장 불평이 많거나 문제행동을 많이 보인 아동이었는데, "고맙습니다. 미안합니다"라는 표현을 정확하게 잘했다면 그것이 긍정적인 행동입니다. 놓치지 않고 순간 포착해서 격려해주시면 부정적인 언행을 고치기 위해 열 번 가르치는 것보다 효과적일 수 있습니다. 부정적인 말이나 행동도 아동이 잠시 절제했던 짧은 순간처럼 사소한 것일 수도 있습니다. 그 변화를 고맙게 여긴다고 아동에게 알려주시기 바랍니다. 다음 표에 아동의 긍정적인 언행과 그때 양육자가 표현한 격려의 말이나 행동을 적어주세요. 그때 아동의 반응이 어땠는지, 당장은 아니어도 시간이 좀 지나서라도 변화가 있었다면 이 페이지를 다시 찾아 적어주세요. 때로는 생각하지 못했던 놀라운 결과를 보실 수 있습니다.

아동 이름	아동의 긍정적인 행동	격려의 말과 행동	아동의 반응	추후 변화

2) 긍정적 나-전달법

아동이 아주 작은 긍정적 변화를 보일 때, 혹은 양육자의 마음에 아주 흡족하지는 않더라도 문제가 해결되었을 때, 다음 네 가지를 담아 메시지를 전달합니다.

- 양육자의 마음에 들고 좋았던 점을 아동에게 말해 줍니다.
- 양육자가 느낀 점을 아동에게 말합니다.
- 그 이유를 아동에게 말합니다.
- 고마움, 기쁨을 담아 아동에게 무언가를 해줍니다.

간단하고 논리적으로 표현하시길 부탁드립니다. 중요한 점은, 물질이나 과도한 칭찬이 아니라 듣는 아동과 말하는 양육자/교사 모두가 좋은 (win-win) 것을 아동에게 제공하는 것입니다. 때로는 이와 같은 메시지 전달이 어려운 과제로 느껴질 수도 있습니다. 해보지 않은 일들이라 다소 낯설 수 있습니다. 먼저 예문을 읽어보시고 다음과 같이 적어서 한두 번 해보시길 권합니다.

예) 00이가 오늘 식사시간에 자리에 앉아 시간 내에 밥을 잘 먹고 마무리까지 잘해서 정말 마음이 기쁘다. 너무너무 마음에 드네. 이모/삼촌이 돌아다니지 말고 잘 씹어서 식사시간 내에 밥을 다 먹고 자리 정돈까지 하는 것이 중요하다고 여러 번 말했는데 그걸 기억하고 있어서 기분 좋고 고맙다. (왜냐하면) 우리가 함께 식사하고 같이 이동하지 못하면 등교나 수업에 지장이 있어서 (이모/삼촌이) 강조했었잖아. 오늘 식사 태도가 너무 좋고 시간 여유도 있어서 등교 전에 원하는 책을 한 권 읽고 갈 수 있겠다. 아니면 일주일 동안 계속 이렇게 좋은 태도를 유지해서 주말 오전에는 간식을 먹는 건 어떨까?

아동의 행동 중에서 최근 나아진 행동을 적어봅니다.

그 행동에 대해 다음과 같이 긍정적인 나-전달법으로 하고 싶은 말을 전해보세요.

* "나는 00이가 ＿＿＿＿＿＿＿ 하는 점이 기쁘다. 마음에 든다."

* (그래서) "나는 ＿＿＿＿＿＿＿ 기분이 든다."

* (왜냐하면) "＿＿＿＿＿＿＿ 하기 때문이야."

* "자, 네가 ＿＿＿ 했으니, 우리 ＿＿＿ 하면 어떨까?"

긍정적 나-전달법은 평소에 하던 칭찬보다 더 깊이 아동에게 울림을 줄 수 있습니다. '이모/삼촌이 나를 이렇게 생각하고 계시구나. 000님이 나를 이렇게 인정하는구나. 내가 좀 컸나보다. 내가 달라진 걸 보고 계시구나. 아시는구나. 그러니까 내가 하면 되는 녀석이구나. 나는 좀 괜찮은 아이인가보다'라는 자신에 대한 긍정적인 이미지가 남을 수 있는 메시지 전달법입니다.

5장

양육자의 자기돌봄

01
양육자의 상처

1) 아이들과의 관계에서의 상처

아이들의 꾸물거림은 일상에서 늘 있는 일이다 보니 양육자들은 매일 스트레스에 노출되어 있다고 해도 과언이 아닐 것입니다. 아이에게 지시했는데도 불구하고 아이가 귀를 닫고 반응을 하지 않거나 대답만 하고 행동하지 않는다면 가장 먼저 느끼는 감정은 '화'일 것입니다. 그리고 이 외에도 다양한 감정을 경험하게 될 텐데요. 예를 들어, '네가 나한테 어떻게 이럴 수 있어'라는 섭섭함을 느낄 수도 있고, 내 말이 먹히지 않는 것에 대한 무기력감을 느낄 수도 있습니다. 또는, '내가 지도를 잘 못 해서 그런 건 아닐까?'라는 생각 때문에 무능력감을 경험할지도 모르겠습니다. 더 나아가 이런 감정이 올라오면 자연스럽게 아이를 바라보는 눈빛이나 목소리가 달라질 수밖에 없는데 그런 자신을

보게 되면 자책을 하게 되거나 순간적으로 아이 탓을 하며 미운 감정
이 들 때가 있습니다. 때로는 화가 나서 한 행동이나 말로 인해 죄책감
을 느낄 수도 있고요.

2) 동료와의 관계에서의 상처

아이들 외에 양육자들에게 중요한 관계는 '동료'입니다. 동료와의
관계에서 힘을 얻기도 하지만 때론 상처를 받기도 합니다.

꾸물거림을 비롯해 아이들의 문제행동을 적절히 다루지 못했을 때
동료로부터 무능력하다는 소리를 듣게 될까 봐 두려운 마음이 들 수
도 있습니다. 힘든 아이가 있어서 동료들과 이야기를 나누고 해결점을
찾아보고 싶지만 이런 평가에 대한 두려움 때문에 이야기하지 못하는
일도 있을 것입니다.

아동양육시설에는 함께 지켜야 할 규칙도 있지만 허용할 수 있는 범
위가 있는데요. 양육자들마다 그 기준이 조금씩 다르기 때문에 어떤
분들께서는 아이들에게 꾸물거림을 어느 정도 허용해 주기도 하실 겁
니다. 하지만 이런 허용이 어떤 분들에게는 규칙을 깬 것으로 느껴져
그 불편한 감정을 피드백하는 경우도 생기는데 이로 인해 당사자는 상

처를 받을 수도 있습니다.

양육자의 타고난 성향이나 열심히 하고자 하는 의욕으로 인해 동료들의 부러움이나 원성을 사는 일도 있습니다. 예를 들어, 유난히 아이들이 잘 따르는 양육자는 부러움과 원성의 대상이 되기도 합니다. 잘하고 있는데 오히려 비난을 받게 되면 양육을 잘하고 싶은 의욕과 동료들과 조화를 맞추고 싶은 욕구 사이에 충돌이 일어나게 되고, 이로 인해 내면의 갈등과 집단 내에서의 갈등 상황이 벌어지기도 합니다. 이런 갈등 상황은 당사자를 쉽게 지치게 하고 때로는 소진 Burn-out 되는 결과로 이어질 수도 있습니다.

또한, 근무하는 시간에 업무를 다 처리하지 못하면 책임감 없는 사람이라고 낙인찍힐지도 모른다는 생각은 마음의 짐이 되어 고통을 줍니다. 이런 비난이나 평가에 대한 두려움은 서로를 위로해 주기보다는 서로를 경계하고 위축되게 만들고 외로움의 자리로 이끌어 갈 수 있겠지요.

3) 높은 목표에서 오는 상처

자기 아이들을 잘 돌본다는 것도 쉬운 일은 아니지만, 타인의 아이들, 특히 소외된 아이들을 돌본다는 것은 더욱 어려운 일입니다. 게다가 아동양육시설은 자원과 재원의 한계가 있습니다. 여러분이 양육하고 있는 아이들은 기질, 성향, 경험한 트라우마, 강점과 약점, 처한 환경이 모두 각각 다릅니다. 이 아이들의 문제나 어려움을 모두 개선한다는 것은 거의 불가능한 일 Impossible Mission 입니다. 아주 열심히, 그야말로 최선을 다해서 아이들을 돌본다고 해도 소수의 아이만 긍정적인 신호를 보여줄 뿐 다수의 아이는 개선이 있는지 없는지조차 모를 정도로 느리게 변화할 것입니다. 이런 상황이 반복되면 열정적이고 의욕 있던 양육자라 할지라도 시간이 지날수록 점점 패기가 꺾이고 실패했다는 감정과 비참함에 빠질 수가 있습니다.

물론 양육자가 노력하고 애를 쓰면 아이들은 바뀔 수 있습니다. 하지만 아무리 열심히 노력해도 내가 양육하는 동안 바뀌지 않는 아이도 있기 마련입니다. 현실적인 양육 목표를 설정하기보다 "모두" "높이" "철저하게" "당장"과 같은 기준들을 설정하면 좌절감을 앞당길 뿐입니다.

이 아이들의 양육은 애초부터 아주 어려운 과제 Highly difficult task 라는 점을 인정하는 것에서부터 출발해야 합니다. 그리고 느리지만 꾸준한 과정을 통해서 차근차근 과제를 풀어야 한다는 생각으로 개입해야 합니다.

양육자가 할 수 있는 일은, 그때그때 최선을 다하고, 조금 더 분발하고, 아이가 바뀌거나 개선되기를 기다리는 일입니다. 결과가 좋게 나오면 감사하고 기뻐하면 됩니다. 하지만 좋게 나오지 않더라도 과정에 최선을 다했다면 담담하게 결과를 받아들이면 됩니다. 우리의 할 일은 비록 내가 원하는 정도의 결과가 나오지 않을지라도 그 역할을 충실히 하는 것이기 때문입니다.

4) 잊혀지지 않는 상처

아이들이나 동료들과의 관계 속에서 일상의 상처가 계속 반복되다 보면 정신적 외상을 입게 됩니다. 데이비드 말란 David Malan 등은 대인관계, 특히 부모나 친구들 사이에서 자신감이나 자존감을 잃게 만드는 일상의 경험들이 외상이 될 수 있다고 했습니다. 이렇게 반복되는 작은 상처들은 개인 정체성의 일부가 됩니다. 예를 들어, 지시를 무시하는 아이들의 행동이나 무심코 던지는 동료들의 말이 지속적으로 반복되다 보면 '나는 무능력해', '나는 부족해'라는 정체성을 남기게 될 수도 있습니다.

이런 상처들은 삶의 구석구석에 영향을 미치게 되며, 잊혀지지 않은 채 마음속에 저장이 됩니다. 그리고 이후에 유사한 경험을 하게 되면 이전의 부정적 감정들이 되살아나 고통스러울 수밖에 없습니다. 그래서 우리는 평소 관계 속에서 입은 작은 상처들을 외면하거나 무시하지 말고 잘 돌봐야 합니다.

02
양육자의 자기돌봄

1) 나의 마음 살펴보기

마셜 로젠버그 Marshall Rosenburg 는 '고통을 주는 것으로부터 자유로워지기 위해서는 충족되기를 바라는 밑에 있는 욕구들에 집중해야 한다'라고 했습니다. 우리가 원하는 것이 무엇인지를 알아차리게 되면 이전에는 보지 못했던 것들을 볼 수 있게 되고, 우리의 마음의 평화를 이룰 수 있는 전략들을 발견하기가 훨씬 쉬워집니다.

그렇다면 자신의 욕구를 알아차릴 수 있는 방법은 무엇일까요? 가장 쉽고 좋은 방법은 내 안의 감정을 따라가 보는 것입니다. 우리가 느끼는 감정은 우리의 욕구가 충족되었는지 아닌지를 알 수 있게 해주는 지표입니다. 만약 여러분이 긍정적인 감정을 느끼고 있다면 자신의 욕구가 충족되었기 때문입니다. 반대로 부정적인 감정을 느끼고 있다면 욕구가 충족되지 않았기 때문입니다.

우리의 감정은 우리를 내면세계로 인도해주는 안내자입니다. 아이들의 꾸물거림으로 인해 경험하게 되는 무기력감, 무능력감, 자책, 죄책감 등의 감정을 따라 내면의 길을 걸어 들어가 보면 우리의 마음속 깊은 곳에 채워지지 않은 인정, 유능감, 성숙 등의 욕구를 만나게 될 것입니다. 내가 진짜 원하는 것이 무엇인지 알게 되면 좀 더 나를 이해하게 되고 자신을 위로할 수 있습니다.

2) 나의 마음 돌보기

마음의 상처를 받게 되면 우리는 자신을 비난하거나 상대방을 비난하게 됩니다. 아니면 둘 다 비난을 하기도 합니다. 예를 들어, 선생님의 지시에 따르지 않아 야단을 쳤는데 아이가 대들어서 화를 냈다면, 어떤 선생님은 '아무리 야단쳐도 대드는 행동은 잘못된 거야'라고 아이를 비난할 수도 있고, '아무리 화가 나도 조용히 타일렀어야지'라고 자신을 비난할 수도 있습니다. 그런데 문제는 이런 비판적 생각은 자신을 더 고통스럽게 한다는 것입니다.

심리적 고통을 줄이기 위해서 우리는 먼저 나와 상대를 향한 비판적 생각을 멈추고 자신의 상처를 마주해야 합니다. '이 일로 인해 참 힘들다. 마음이 아프다'라고 인정하고, 그 감정을 내 것으로 수용할 수 있을 때 자신을 돌볼 수 있습니다. 앞의 예에서 '아무리 야단쳐도 대드는 행동은 잘못된 거야'라는 비난 뒤에는 '화'나 '슬픔'이라는 감정이 있습니다. 그리고 '아무리 화가 나도 조용히 타일렀어야지'라는 비난 뒤에는 '부끄러움'이나 '수치심'이라는 감정이 있습니다. 바라보고 싶지 않은 자신의 '어두운 부분'에 공감하기를 할 수 있을 때 우리는 그것으로부터 자유로워질 수 있습니다. '슬프고 상처 받았구나', '무력감과 좌절감을 느끼는구나', '부끄러움을 느끼는구나'라고 자신의 마음을 위로해 주어야 합니다.

　고통을 주는 생각을 멈추고 자신의 내면을 깨닫고 위로할 수 있는 자기돌봄은 쉬운 듯하지만 쉬운 일이 아닙니다. 왜냐하면 우리 내면에서 일어나는 일들은 상당히 무의식적이고 반사적으로 나타나거든요. 의식하고 알아차리기 전에 나타나는 반응이라는 겁니다. 그래서 부정적인 생각과 감정의 패턴을 끊고 진짜 '나'를 만나기 위해서는 지속적인 연습이 필요합니다. 여러분의 연습을 돕기 위해 간단하게 표로 만들어보았습니다. 하루를 보내면서 여러분을 힘들게 했던 상황을 떠올리면서 자기 마음 공감하기를 연습해보세요.

<표> 자기 마음 공감하기

	상황: 지시를 계속 따르지 않는 아이에게 야단을 쳤더니 화를 내며 대든다.			
	생각	감정	욕구	자기공감
1	아무리 야단쳐도 대드는 행동은 잘못된 태도야	화 슬픔	존중	너는 존중을 원하기 때문에 슬프고 상처 받았니?
2	내가 얼마나 우습게 보이면 이렇게 개념 없이 행동하는 걸까?	좌절 무력감	힘	너는 학생을 잘 지도하는 힘이 있는 교사가 되고 싶기 때문에 무력감과 좌절감을 느끼니?
3	아무리 화가 나도 조용히 타일렀어야지	부끄러움 수치심	성숙	너는 성숙한 교사가 되고 싶기 때문에 부끄러움을 느끼니?

3) 현실적인 목표 세우기

높은 목표와 기대는 여러분을 지치게 만들고 무기력하게 만듭니다. 그래서 우리는 현실적인 목표를 세우는 연습을 해야 합니다. 먼저, 마음속에 숨어 있는 비현실적인 목표가 무엇인지 써보기를 바랍니다. 앞 절에서 언급했던 것처럼 목표에 '모두', '철저하게', '항상' 등의 단어가 들어가 있다면 비현실적인 목표일 가능성이 큽니다. 그리고 나서 그것을 현실적인 목표로 바꿔보세요.

\<표 \> 현실적인 목표로 바꾸기

	비현실적인 목표	현실적인 목표
1	언제나 아이들과 잘 놀아주는 양육자가 되어야 해.	하루 중 30분은 아이들과 열심히 놀아주자.
2		
3		

03
치유 공동체 만들기

　상처를 치유하기 위해서는 동료들과 함께 자신의 어려움을 나누고 서로 공감하는 공동체를 만드는 것이 중요합니다. 신뢰할 수 있는 관계는 상처를 드러내도 괜찮을 것 같은 안정감과 편안함을 제공합니다. 그런 관계 안에서 평가받거나 거절당할 것에 대한 두려움 없이 상처를 드러내고, 그 상처에 대한 진정성 있는 공감과 지지를 얻게 되면 거기서부터 치유가 시작됩니다. 여러분의 공동체 안에 서로 나누고, 위로하고, 격려하는 문화가 만들어지면 좋겠습니다. 자신의 어려움을 드러냈을 때, 평가나 비난 없이 '힘들었겠다', '그래도 괜찮다'라고 말해 줄 수 있는 동료가 있다면 그 어떤 처방전보다 훌륭한 치료제가 될 것입니다.

　에릭 번 Eric Berne 의 말처럼 "나도 이만하면 괜찮다. 그리고 당신도 그만하면 괜찮다"라고 서로에게 말해 줄 수 있다면 아이들을 양육하는 일도, 동료 교사들과 함께 하는 일도, 하루에 처리해야 할 업무도 할만한 일이 될 것입니다.

6장

양육에 대한 전반적 이해

아동들을 키우면서 "이 아동들이 어떤 사람으로 자라나기를 원하는가?"라는 질문을 던져보셨을 것입니다. 여러 대답이 나올 수 있겠지만 일단 건강한 성인으로서 독립적으로 살아가는 것이라는 대답으로 모아지지 않을까 하는 생각이 듭니다. 각자의 고유함을 따라 자신만의 길을 뚜벅뚜벅 걸어간다면 더욱 좋겠지요. 그러기 위해서 아동은 내외면의 힘을 함께 키워가야 하는데요. 내면의 힘을 키우는 양육의 목표를 건강한 자존감과 자기 통제력의 발달로 설명할 수 있을 것 같습니다. 아동이 자신을 사랑하고 신뢰하며 자신에게 주어지는 일들을 자신감 있게 처리할 수 있다면, 또 친구 관계, 학습, 스마트폰 같은 삶의 영역에서 어느 정도 잘 행동하리라고 믿을 수 있다면 행동하고 있다면 잘 자라고 있는 것이겠죠.

01
자존감의 두 가지 기둥

자존감이란 나는 사랑받고 존중받을 만한 소중한 존재이고 삶에서 마주치는 문제들에 대해 잘 대처할 수 있는 사람이라고 믿고, 하는 일들에 대해 성과를 낼 수 있는 사람이라고 생각하는 것입니다. 자존감을 처음으로 대중에게 알린 학자 너새니얼 브랜든 Nathaniel Brandenn [1] 에 따르면 자존감은 자기효능감 self-efficacy 과 자기가치감 self-respect 의 두 가지 기둥으로 구분해 설명할 수 있습니다.

첫 번째 기둥인 자기효능감이란 '나는 할 수 있어'라는 생각을 가지는 것입니다. 삶의 작은 성공 경험과 양육자의 격려가 축적되어 자기효능감을 만듭니다. 도달하기 어려운 목표를 정해놓고 기대에 도달하지 못할 때마다 '너는 이것밖에 못하냐'라는 언어적 비언어적 메시지를 준다면 아동은 점차 더 힘이 빠지겠지요. 이런 경우 목표를 현재 상황보다 '조금씩만' 높게 잡아보는 것이 좋습니다.

---

1   자존감의 여섯기둥.

자존감의 두 번째 기둥은 자기가치감입니다. 자신이 좋은 사람이고 다른 사람에게 존중받을 만하며, 그럴 자격이 충분하다는 확신입니다. 아마 양육시설에 있는 아동들은 내가 존중받지 못하여 이곳에서 살고 있다는 생각을 할 수 있고, 그러기에 내가 존중받을 만한 사람인지를 수없이 시험할 수도 있습니다. 이 과정에서 양육자는 스스로를 잘 돌봐야하는 과제와 아동의 행동과 존재를 분리해서 봐야 하는 과제를 안게 됩니다.

자존감 높이기 1 – 감정은 수용하고 행동은 수정하기

양육의 큰 두 가지 원칙은 다음과 같습니다.

아동이 화가 났다면, 화가 난 감정은 알아주되 의자를 발로 차는 것과 같은 행동은 수정해야 하겠지요. 감정은 영혼의 언어라는 말이 있듯이, 나의 감정을 상대가 받아주고 이해할 때 감정뿐 아니라 내 존재가 수용되는 느낌을 받게 됩니다. 아동이 엄청 기분이 좋아서 학교에서 돌아왔다면 "엄청 좋았겠네! 오늘 신났겠구나!" 하면서 그 감정의 수위에 맞추어서 반응해주는 것이 좋겠지요. 반대로 화가 나서 들어왔다면 "많이 힘들었구나, 친구를 때리고 싶을 만큼 화가 났었구나" 하고 그 감정의 물이 빠질 시간을 주는 것이 좋습니다. 감정의 물이 차오를 때는 이성이 잘 작동되지 않으니까요.

감정의 물을 빼는 마개는 '공감'입니다. 아이의 감정을 읽어주며 공감하는 것이 어렵다면 "그랬구나"를 반복해주면 됩니다. 그랬구나, 그래서 그랬구나...하다 보면 아동은 스스로 감정을 정리하게 되는 경우가 많습니다. 어떤 아동은 자기 감정을 좀 삭히며 조절할 시간이 필요합니다. 그런 경우 혼자 시간을 좀 가지게 한 다음 공감하며 이야기를 풀어가는 것도 한 방법이지요. 화가 나서 친구를 때리고 들어왔다면 일단 상황을 들어보고 친구를 때릴 만큼 화가 났던 감정은 수용한 후, 때린 행동에 대해서는 사과를 하러 함께 가거나 혹은 한 번 더 이런 행동이 있을 때 어떻게 할 것인지에 대한 논의가 필요합니다.

자존감 높이기 2 – 안전한 울타리를 제공하기

바움린드 Diana Baumrind 는 통제와 애정의 두 축으로 네 가지 유형의 양육 방식을 설명합니다.

<표> 네 가지 양육 방식

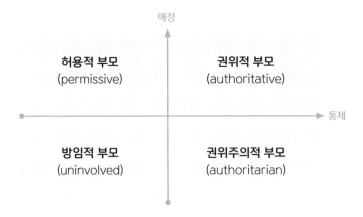

통제와 애정의 균형을 갖춘 권위적 양육, 통제는 낮고 애정이 높은 허용적 양육, 통제는 높고 애정이 낮은 권위주위적 양육, 통제와 애정 모두 낮은 방임적 양육, 이렇게 네 가지로 나눠집니다. 좋은 권위자는 단호함과 관대함을 함께 가지고 있지만, 권위주의자는 지시와 억압, 통제로 권위를 행사합니다. 권위주의적 양육자 밑에서 자란 아동들은 좋은 권위를 경험하지 못했기 때문에 성인이 되어서도 권위라는 말을 들으면 일단 저항하고 싶은 마음이 들겠지요. 이렇게 어렸을 때 어떤 양육을 경험했느냐가 현재 양육태도에 영향을 미칩니다. 내가 어떤 양육을 받아왔는지, 그리고 그것이 현재 나의 양육에 어떤 영향을 미치는지, 함께 하는 양육자는 어떤 양육 방식을 가지고 있는지 점검할 필요가 있습니다. 아동들과 친밀하면서도 아이들의 반응에 내 존재가 흔들리지 않는다면 그것을 양육의 내공이라 부를 수 있을 것 같습니다.

자존감 높이기 3 - 성취, 과정, 존재를 칭찬하기

양육자가 나의 성취뿐 아니라 나의 성장을, 그리고 근본적으로 나의 존재를 존중하는구나 라는 확신이 있을 때 아동은 안정감을 얻게 됩니다. 그래서 칭찬은 성취보다 존재에 관한 것일 때 가장 강력합니다. 칭찬은 세 가지로 나누어볼 수 있는데요. 첫 번째 칭찬은 성취에 관한 칭찬입니다. 성적이 올랐을 때, 운동경기에서 이겼을 때, 상을 받아왔을 때 우리는 "어이구 잘했네" 하면서 칭찬하지요. 두 번째 칭찬은 과정에 대한 칭찬입니다. 원하는 만큼의 성취를 이루지 못했더라도 그 과정에 충실했다면 충분히 칭찬해주어야 합니다. "원하는 목표에 도달하지 못했더라도 괜찮아. 우리는 네가 열심히 노력한 것만으로도 너무 훌륭하다고 생각한단다"라고 말이지요. 세 번째 칭찬은 존재에 대한 칭찬입니다. "네가 세상에 있어서 참 좋다", "네가 있어서 참 기쁘다"와 같은 말을 종종 속삭여주는 것입니다.

양육은 기나긴 과정입니다. 나의 해결되지 않은 문제들이 양육과정을 통해 드러나는 일이 많지요. 유난히 어떤 아동이 싫거나, 어떤 일에 분노할 때는 다른 양육자들과 이야기를 나누어보는 것이 객관적인 관점을 가지는 것에 도움이 됩니다. 이 지난한 과정이 아이들을 양육하면서 양육자도 자라가는 과정이기를 소망해봅니다.

02
양육자를 위한 셀프 코칭

혼자 질문에 답해보시거나 누구에게 질문해달라고 하셔도 좋습니다.

1. 요즘 내가 집중하고 있는 일은?

2. 그 일이 잘 진행되려면 어떻게 하면 될까요?

3. 그 일이 잘 되어가는 모습은 구체적으로 어떤 모습일까요?

4. 그 모습이 이루어졌을 때의 느낌은 구체적으로 어떨까요?

5. 이루어가는 과정에서 어떤 어려움을 만나게 될까요?

6. 그 어려움을 극복할 수 있는 방법은 어떤 것들이 있을까요?

7. 나를 통해 그 일이 이루어져야 하는 이유는 무엇일까요?

8. 나는 왜 이 일을 하나요?

참고문헌

· 정은진(2020) 우리 아이 기초공사, 비비투.

· 최은정(2019) 육아고민? 기질육아가 답이다, 소울하우스.

· 한건수(2021) 크리스천코칭 워크북.

· Barvara kaiser, Judy Sklar Rasminsky(2013) 유아동 문제행동 예방 및 지도, 시그마프레스.

· Jane Nelson, Linda Escobar, Kate Otolano, Roslyn, Deborah Owen-Sohocki(2016) 학급긍정훈육법 문제해결편, 에듀니티.

· Insoo Kim Berg, Scott D. miller 저/가족치료연구모임 역(2001) 해결중심적 단기가족치료, 하나의학사.

· Lorraine Stutzman Amstutz, Judy H. Mullet(2017) 학교현장을 위한 회복적 학생생활교육, 대장간.

· Michael H. Popkin(2007) 부모코칭 프로그램 적극적인 부모역할, 학지사.

· Nathaniel Branden(2015) 자존감의 여섯 기둥, 교양인.

아동양육시설 실무자를 위한 양육가이드북

초등학생의 꾸물거림에 대하여

초판 1쇄 발행 2021년 10월 20일
개정판 1쇄 발행 2022년 5월 2일

지은이 | 최은정, 김경미, 서유지, 정은진
감수 | 박명희, 박지영
발행인 | 정강욱, 이연임
일러스트레이션 | 김재환
디자인 | 최동인
출판 | 리얼러닝
주소 | 경기도 파주시 탄현면 고추잠자리길 60
전화 | 02-337-0324
이메일 | withreallearning@gmail.com

출판등록 | 제 406-2020-000085호
ISBN | 979-11-971508-3-8